Marcel Loos

# Marketing für IT-Dienstleister

GRIN Verlag

**Bibliografische Information der Deutschen Nationalbibliothek:**

Die Deutsche Bibliothek verzeichnet diese Publikation in der Deutschen Nationalbibliografie; detaillierte bibliografische Daten sind im Internet über http://dnb.d-nb.de/ abrufbar.



**Impressum:**


Druck und Bindung: Books on Demand GmbH, Norderstedt Germany
ISBN: 978-3-640-50269-1

**Dieses Buch bei GRIN:**

http://www.grin.com/de/e-book/15561/marketing-fuer-it-dienstleister

Seminar e-Business

# Marketing für IT-Dienstleister

vorgelegt im Rahmen der Lehrveranstaltung
Seminar e-Business von:
Marcel Loos

Fachhochschule Fulda
Fachbereich Angewandte Informatik
SS 2003

# Inhaltsverzeichnis

# 1. Einleitung

Der Erfolg eines Unternehmens kann bereits bei der Geschäftsidee maßgeblich beeinflusst werden. Produktinnovationen bieten gerade im Geschäftsfeld der IT[1] ein großes Erfolgspotential. Aufgrund des breiten Spektrums, der Vielzahl der IT-Dienstleister und der ständigen Weiterentwicklungen im IT-Umfeld können die Erfolgschancen jedoch auf kurz oder lang dramatisch sinken bzw. bereits bei der Einführung in der Vielzahl der Angebote untergehen.

Eine innovative Geschäftsidee stellt somit keinen Garant für den Erfolg eines Unternehmens dar. Es ist daher erforderlich, sich Instrumente zu bedienen, die zum einen als Katalysator für die Einführung von Produktinnovationen oder Dienstleistungsangeboten dienen bzw. den erfolgreichen Start einer Unternehmung unterstützen und andererseits einen dauerhaften Erfolg der Unternehmung maßgeblich fördern können und sollen.

Auch der Vorstoß bereits etablierter Unternehmen in neue Marktsegmente der IT bedarf meist solcher Instrumente, um sich gegen die marktführenden Unternehmen in diesem Segment behaupten zu können. Gleichermaßen werden diese Instrumente zur Ab- und Gegenwehr solcher Vorstöße von den Marktführern dieses Segments eingesetzt, um ihre Position und Stellung auf dem jeweiligen Markt behaupten zu können.

Das *Marketing* stellt eine Reihe von verschiedenen Instrumenten zur Verfügung, die einen wesentlichen Beitrag zur erfolgreichen Umsetzung der Unternehmensziele darstellen.
Mit dem Wachstum der IT- Branche erlebte auch das Marketing in der IT einen starken Zuwachs und eine ständige Weiterentwicklung. Nachfolgend soll auf einige Aspekte des Marketings in der IT und deren Dienstleister näher eingegangen werden.

[1] Informationstechnologie

# 2. Definitionen

## 2.1 Marketing

Nach Schierenbeck wird die marktbezogene Ausrichtung der Unternehmensprozesse im Allgemeinen als Marketing bezeichnet (*Schierenbeck* 1995, S. 243).

„Nach außen hin dokumentiert sich dieser marktorientierte Denkstil eines Unternehmens nicht nur im Reagieren auf veränderte Marktbedingungen, sondern in besonderem Maße auch durch vorausschauendes Agieren im Hinblick auf erwartete Veränderungen. Gezielte Maßnahmen zur Erschließung, Ausweitung und Sicherung des Marktes sind Kennzeichen einer solchen aktiven unternehmerischen Einflussnahme (*Niederschlag/Dichtl/Hörschgen* 1991; *Schierenbeck* 1995, S. 243/244)."

## 2.2 IT

Der Begriff IT versteht sich als Abkürzung für *Informationstechnologie*.
Er bildet den Oberbegriff für Technologien, die sich mit der Informationssammlung, -verarbeitung und –verteilung befassen. Die IT lässt sich in verschiedene Arbeitsbereiche unterteilen, wie z.B. IT-Industrie, IT-Beratung, IT-Unternehmen und natürlich auch IT-Dienstleister.

## 2.3 Dienstleister

Schierenbeck beschreibt Dienstleistungsunternehmen als Unternehmungen, die Dienste bereitstellen und anbieten (*Schierenbeck* 1995, S. 34).
Diese Beschreibung lässt sich durchaus auch auf den Bereich der IT-Dienstleister übertragen, da hier ebenfalls Dienste im und aus dem Bereich der IT bereitgestellt oder angeboten werden.

Ergänzend ist zu erwähnen, dass diese IT-Dienstleister nicht ausschließlich durch Unternehmen repräsentiert werden müssen. Auch einzelne Personen können als Freiberufler Dienste bereitstellen oder anbieten. Nachfolgend soll jedoch primär auf Unternehmen als IT-Dienstleister eingegangen werden, da hier das Marketing einen wesentlichen Beitrag zur Unternehmensgestaltung beiträgt.

# 3. Die Ausgestaltung des Marketing

## 3.1 Allgemeine Marketing-Grundlagen

In der Allgemeinen BWL[2] wird der Begriff des Marketing im Zusammenhang mit der Absatzplanung genannt. Schierenbeck beschreibt das Marketing als integriertes Konzept der Absatzplanung (*Schierenbeck* 1995, S. 243).

Diese Aussage lässt sich auch auf das Gebiet der IT-Dienstleister übertragen. Der Absatz steht vor allem bei physischen Gütern, wie Hardware oder auch Software in Form von Lizenzen, im Vordergrund. Bei IT-Dienstleistern, die sich dagegen auf Beratung und Support spezialisiert haben, steht die Gewinnung möglichst vieler Kunden und damit eines großen Kundenstammes im Vordergrund.

Es werden weiterhin die Begriffe der Markterschließung, Marktausweitung, Marktsicherung und Marketing-Konzeption als Kennzeichen des Marketing genannt, die nachfolgend für den Bereich der IT-Dienstleister näher betrachtet werden sollen.

### 3.1.1 Markterschließung

Die Markterschließung bezeichnet die zielgerichtete Suche nach Möglichkeiten zur Befriedigung von bislang nur latent vorhandenen menschlichen Bedürfnissen (*Schierenbeck* 1995, S. 244).

Ein Beispiel hierfür ist das Aufkommen des e-Commerce[3] und des e-Business[4] durch die ständige Weiterentwicklung des Internet. Dieses Medium entwickelte sich in den zurückliegenden Jahren sehr schnell zu einem Massenmedium, welches vermehrt kommerziell genutzt wird (*Blancke* [1] 2001, S. 8). So wurde zum Beispiel der traditionelle Produktkatalog durch einen Online-Shop ergänzt, der die Schwächen der traditionellen Methode bezüglich Aktualität und Bestellkomfort wesentlich verbesserte.

Auch die Erweiterung der Beratungs- und Schulungsdienstleistungen eines Beratungsunternehmens auf eine spezielle Software (z.B. SAP) bedeutet letztlich die Erschließung eines neuen Marktes, wenn zuvor keine Tätigkeit auf diesem speziellen Gebiet erfolgte.

---

[2] Betriebswirtschaftslehre

[3] Abkürzung von Electronic Commerce, d.h. elektronischer Handel. Er beinhaltet den elektronischen Austausch von Informationen, Gütern, Dienstleistungen und Zahlungen bzw. Geschäftstransaktionen

[4] Abkürzung von Electronic Business, Die konsequente Ausrichtung und Optimierung eines Unternehmens auf neue, digitale Märkte und Wertschöpfungsketten - von der Strategie bis hin zum operativen Geschäft. E-Business verlangt über die klassische Optimierung von Strukturen und Abläufen hinaus auch eine integrierte Vermarktung. Visuelle Kommunikation, Markenführung, Kundenbindung. Darunter auch: SCM. Sammelbegriff für elektronisch unterstützte kooperations- und Organisationsverfahren, die der zwischenbetrieblichen Effizienzsteigerung auf allen Stufen dienen. Zentraler Ansatzpunkt ist die Informationstransparenz, die mehrere Wertschöpfungsketten umfasst

### 3.1.2 Marktausweitung

In der IT kann dies beispielsweise die Entwicklung neuer Technologien auf dem Hardwaresektor als auch auf dem Softwaresektor bedeuten, wobei eine beiderseitige Abhängigkeit eine solche Marktausweitung hervorrufen kann.

So kann der Umstieg auf eine neue modernere Hardware auch der zwangsläufige Umstieg auf eine modernere, optimierte Software bedeuten oder auch umgekehrt. D.h. die Bedürfnisstruktur der Kunden hat sich geändert bzw. der technische Fortschritt macht geänderte Produkteigenschaften möglich. Somit entsteht das Verlangen nach neuen Produkten (vgl. *Schierenbeck* 1995, S. 244).

Auch ein Erhöhung des Bedarfs bei unverändertem Kundenkreis ist letztlich eine Marktausweitung. Dieser Zustand konnte vor allem im Bezug auf die Dienstleistungen in der Aufschwungphase der IT festgestellt und beobachtet werden.

In der IT kommt es häufig zu Verschmelzungen verschiedener Bereiche, die jedoch in der Vergangenheit getrennt entwickelt wurden. Das mobile Internet erfordert beispielsweise neue Entwicklungen in der Software und Hardware. So kann es zwangsweise erforderlich sein, sich dieser Entwicklung entsprechend anzupassen, um seine Kunden weiter an das eigene Unternehmen zu binden und konkurrenzfähig zu bleiben.

Die konsequenteste Form der Marktausweitung besteht sicherlich darin, neue Produkte auf neuen Märkten anzubieten. Aufgrund mangelnder Erfahrung birgt sie aber auch die größten Risiken (*Schierenbeck* 1995, S. 244).

### 3.1.3 Marktsicherung

Der Begriff der Marktsicherung wird von Schierenbeck als das Bemühen um Sicherung bislang erworbener Marktstellung beschrieben, die unmittelbar an den Begriff der Markterweiterung anschließt (*Schierenbeck* 1995, S. 244).
Es existieren im Bereich des Marketings viele Möglichkeiten die erschlossenen Marktanteile zu sichern. Diese Möglichkeiten werden im weiteren Verlauf unter dem Aspekt der Marketinginstrumente (Kommunikationspolitik etc.) für die Formen des Offline- und Online-Marketings näher beschrieben.

### 3.1.4 Marketing-Konzeption

Die Marketing-Konzeption ist erforderlich, um die einzelnen Elemente, wie z.B. die Produktgestaltung, Preispolitik und Werbung, zu koordinieren und eine gegenseitige Behinderung auszuschließen.

Aufgabe ist es, die zu treffenden Einzelentscheidungen aufeinander abzustimmen und so zu harmonisieren, dass ein geschlossenes Ganzes entsteht, welches die gesetzten Ziele optimal verfolgt (*Schierenbeck* 1995, S. 244)

## 3.2 Das Offline-Marketing für IT-Dienstleister

Das Offline-Marketing bezieht sich auf die Prinzipien des klassischen Marketing. Eine Unterscheidung zwischen Online- und Offline-Marketing ist vor allem auf der Ebene der Marketinginstrumente zu sehen (vgl. *Blancke* [1] 2001, S. 14), wie nachfolgend noch näher beschrieben wird.

### 3.2.1 Merkmale des Offline-Marketing

Blancke unterscheidet fünf Aspekte des Marketing (vgl. *Blancke* [1] 2001, S. 15):

- **Problemlösungsaspekt** – das Angebot orientiert sich bei einer marktorientierten Führung an den Kunden- oder Verwenderproblemen (Beispiel: Betriebswirtschaftliche Verwaltungssoftware – SAP). Dies setzt voraus

- **Informationsaspekt** – durch Einsatz der Marktforschung werden Probleme identifiziert und die Bedürfnisse des Kunden ermittelt (Beispiel: Welche betriebswirtschaftliche Bereiche sollen/ müssen abgedeckt werden?)

- **Zielgruppenaspekt** – zusammenfassen von Kunden mit gleichen oder ähnlichen Bedürfnissen zu Zielgruppen (=Marktsegmente) für die Entwicklung gezielter Problemlösungen (Beispiel: verschiedene Wirtschaftsbereiche in verschiedenen Modulen)

- **Maßnahmenaspekt** – Entwicklung von Problemlösungen als Maßnahme allein reicht nicht aus, sondern muss als solche kommuniziert, mit Preisen sowie Bedingungen versehen und vertrieben werden. (Beispiel: Anbieten einzelner SAP Module). Dies bedingt wiederum den

- **Koordinationsaspekt** – da alle betrieblichen Teilpläne (Beschaffung, Produktion etc.) auf den Marketing-Plan abgestimmt werden müssen.

Nach Blancke bestärken o.g. Merkmale den Ausdruck einer eindeutigen Markt- und Kundenorientierung. Das Unternehmen hat sich somit am Markt auszurichten, um so die Kundenbedürfnisse befriedigen zu können (vgl. *Blancke* [1] 2001, S. 16). Dies macht es erforderlich, in regelmäßigen Abständen den Zufriedenheitsgrad der Kunden zu überprüfen.

Ergänzend zu dieser Aussage möchte ich hinzufügen, dass gerade der Zufriedenheitsgrad des Kunden wichtig für dessen Entscheidung zum Kauf des Produktes oder zur Inanspruchnahme der Dienstleistung ist. Werden mögliche Unzufriedenheiten nicht rechtzeitig erkannt oder nicht berücksichtigt, kann es dazu führen, dass das Unternehmen Kunden verliert oder sogar einen Imageschaden davonträgt.

### 3.2.2 Produkt- und Programmpolitik

Als Ausgangspunkt der Produkt- und Programmpolitik erwähnt Blancke die Bedürfnisse des Käufers. Durch Entwicklung und Verbesserung der Produkte ist es möglich die Kundenbedürfnisse dauerhaft zu befriedigen (*Blancke* [1] 2001, S. 78).

An dieser Stelle möchte ich auf mögliche Konflikte dieser Aussage eingehen.
Spezielle Produkte, die individuell für einzelne Kunden erstellt werden (z.B. Individualsoftware), ermöglichen eine nahezu vollständige Erfüllung der Kundenbedürfnisse und damit eine dauerhafte Kundenbindung. Basiert die Entwicklung vollständig auf den Aussagen und Wünschen des Kunden, ist darauf zu achten, dass dessen Aussagen vollständig sind, was ansonsten zu nachträglichen Ergänzungen führen kann, die wiederum mit entsprechenden Mehrkosten verbunden sind (z.B. fehlende Schnittstellen zu anderen Softwaresystemen etc.). Hier sind ggf. eigene Entscheidungen zu treffen, die dem Kunden ergänzend angeboten werden. Dieser Vorgang kann durchaus als Dienstleistung angesehen werden.
Bei Produkten für ein breites Kundenspektrum ist die Entwicklung aufgrund unterschiedlicher Bedürfnisse der Kunden dagegen weitaus schwieriger. Da es nahezu unmöglich ist, alle Kundenbedürfnisse zu befriedigen, muss man gewisse Kompromisse eingehen. Ein Beispiel hierfür ist das Customizing bei SAP oder die Variationen bei Windows Betriebssystemen auf benutzerspezifische Bedürfnisse.

Das größte Potential in der Produkt- und Programmpolitik bieten hier die Produktinnovationen auf Grundlage der Bedürfnisse der Kunden. Diese erlauben es dem Hersteller, seine Strategien leichter durchzusetzen und verringern zudem das Risiko der Produkteinführung aufgrund nicht vorhandener Konkurrenzprodukte. Zudem können die gewonnenen Kunden die Basis für eine Marktführerschaft bilden.

Nach Blancke umfassen Produktinnovation, - variation und die –eliminierung die Entscheidungstatbestände der Produkt- und Programmpolitik (vgl. *Blancke* [1] 2001, S. 79).

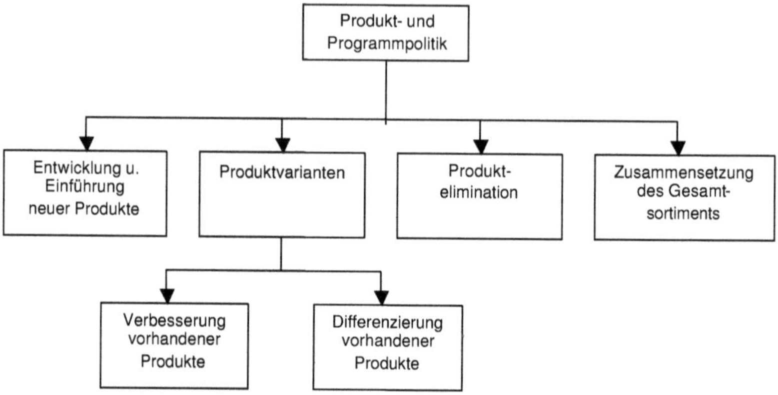


Abbildung 1: Produkt- und Programmpolitik
(Blancke [1], S. 79)

### 3.2.2.1 Produktinnovationen

Der Begriff der Produktinnovationen umfasst die Entwicklung von neuen Produkten und die damit verbundenen Prozesse der Unternehmung (*Blancke* [1] 2001, S. 79).

Der Begriff „neu" ist hier kritisch zu hinterfragen. Handelt es sich bei dem Produkt um ein komplett neues Produkt, d.h. wurde es radikal neu entwickelt (z.B. die erste Windows Version mit grafischer Oberfläche) oder handelt es sich um eine Modifikation (z.B. Windows 95, 98, ME).

Blancke unterscheidet fünf Phasen der Produktinnovationen: Ideengewinnung, Ideenauswahl, Ideenrealisierung, Ideentest und letztlich die Produkteinführung (vgl. *Blancke* [1] 2001, S. 80).

Die Gewinnung von Ideen erfolgt über interne und externe Quellen der Unternehmung. Als wichtigste Quellen sind nach meiner Meinung die Externen zu betrachten, da die Kundengewinnung und –bindung als primäre Unternehmensziele anzusehen sind. Eine Entwicklung nach Kundenwunsch bzw. das Anbieten eines einzigartigen Nutzens fördert maßgeblich die Akzeptanz des Produktes. Daher ist der Kunde und der Kundennutzen als Mittelpunkt der Innovationsaktivitäten anzusehen (vgl. *Blancke* [1] 2001, S 81).

Die Realisierung einer solchen Produktinnovation erfordert eine Vielzahl von Anregungen und Informationen von Kunden bzw. deren Segment. Diese werden auf verschiedene Art und Weise dem Unternehmen zugänglich gemacht, zum Beispiel durch Kundenwünsche, Beschwerden, Konkurrenzprodukte, Marktforschung etc. So wurde beispielsweise seit längerem der Ruf von Entwicklern laut, flexiblere Anwendungen für das Internet zu erstellen. Microsoft hat daraufhin das .NET Konzept vorgelegt und auch umgesetzt.

Dennoch stellen Kundenwünsche keine ausreichende Basis für eine Produktinnovation dar. Vielmehr ist auch der wirtschaftliche Aspekt zu berücksichtigen. Erst wenn mehrere gleichartige Bedürfnisse oder Probleme vorliegen, ist eine entsprechende Problemlösung wirtschaftlich vertretbar und möglicher Ausgangspunkt für eine Produktinnovation. Speziell bei kleineren Unternehmen ist der wirtschaftliche Aspekt von großer Bedeutung. Hohe Entwicklungskosten für ein Softwaresystem können, zum Beispiel bei einem Misserfolg oder Rücktritt des Auftraggebers vom Projekt, unter Umständen nicht durch andere Projekte aufgefangen werden, wie es bei großen Unternehmen wie Microsoft der Fall wäre.

Mögliche Schwierigkeiten sehe ich vor allem in der Auswertung der gesammelten Informationen und der Wahl entsprechender Quellen hinsichtlich neuer Produkte. Eine einseitige Betrachtung oder fälschliche Überbewertung einzelner Punkte kann zur Folge haben, dass das Produkt nur von einzelnen Kunden akzeptiert, vom Großteil jedoch abgelehnt wird. Und genau hier liegt die Gefahr von neuen Produkten. Die Nutzung neuer Möglichkeiten und Techniken und die Kreativität der Beteiligten können das Finden von Lösungen maßgeblich fördern. Hierfür stehen verschiedene Methoden, wie zum Beispiel das Brainstorming, zur Verfügung, die an dieser Stelle jedoch nicht weiter beschrieben werden sollen.

Bei der Ideenauswahl werden die einzelnen gesammelten Ideen selektiert und anhand zuvor ausgewählter Kriterien gewichtet. Auch hiefür gibt es verschiedene Modelle, deren Problematik jedoch in der Auswahl der Bewertungskriterien und in der Gewichtung dieser Kriterien (Punktbewertung etc.) liegt.

Vor der Markteinführung ist es erforderlich, weitere Daten über die Qualität des Produktes zu erlangen. Im Softwarebereich bieten sich hier die so genannten Betatests als Produkttests an. Ähnlich wie bei der Informationsgewinnung für neue Ideen können hier Kunden oder Kundensegmente eingesetzt werden, die als Tester fungieren. Dadurch wird ein weiterer Schritt in Richtung Entwicklung nach Kundenwunsch vollzogen. Auch hier können Informationen gesammelt werden, die vor einer endgültigen Markteinführung noch in das Endprodukt einfließen können.

Der letzte Schritt ist die Produkteinführung. Dieser Schritt wird vollzogen, sobald die Testergebnisse zufriedenstellend abgeschlossen wurden. Blancke nennt acht Schlüsselfaktoren für den Erfolg neuer Produkte (*Blancke* [1] 2001, S. 97+98):

1) *Einzigartiger Kundennutzen* – überlegene Produkte, bieten dem Kunden echte und einzigartige Vorteile (z.B. Microsofts .NET Plattform)
2) *Definition von Produkt und Projekt* – Zielmarkt, Kundenbedürfnisse, Produktkonzept, Produktanforderungen und –vorteile sind vor Beginn der Entwicklung zu definieren
3) *Technologische Synergien* – Grad, zu dem das neue Produkt auf die im Unternehmen vorhandenen Ressourcen und Potentiale zurückgeführt werden kann. Die Erfolgsraten steigen, wenn die Projektanforderungen mit dem Know How in Forschung und Entwicklung und in der Produktion übereinstimmen
4) *Ausführungsqualität der technischen Aktivitäten* sollte hochwertig sein
5) *Frühe Analysen und Planungsaktivitäten* sind eine weitere Erfolgsvoraussetzung
6) *Marketingsynergie* – die Erfolgswahrscheinlichkeit neuer Produkte steigt, wenn die Produkte auf dem Unternehmen vertrauten Märkten, über etablierte Vertriebswege und über eine bestehende Vertriebsorganisation verkauft werden können
7) *Ausgeprägte Markt- und Kundenorientierung sowie die professionelle Ausführung von Marketingaktivitäten* werden als weitere wichtige Erfolgsfaktoren für innovative Projekte genannt
8) *Marktattraktivität* – große Märkte mit hoher Wachstumsrate, in denen der Kunde noch einen ausgeprägten Bedarf nach dem Produkt hat, unterstützen den Erfolg der Produktinnovation

Ergänzend möchte ich an dieser Stelle speziell auf die Punkte 7 und 8 eingehen. Die IT gehörte zu den in Punkt 8 geschilderten Märkten, die eine enorme Wachstumsrate verzeichnen konnten. Der Bedarf an neuen IT-Produkten und Dienstleistungen war in dieser Zeit enorm gestiegen. Jetzt, nach dem „Hype“, haben sich die „Überlebenden“ dieser Phase zunehmend an Punkt 7 orientiert. Eine professionelle Ausführung der Marketingaktivitäten lässt sich vor allem an den gigantischen Werbekampagnen der „Globalplayer“, wie Microsoft (.NET) oder SUN (ONE - Open Net Environment) im Kampf um die Vorherrschaft im Internet, feststellen.

#### 3.2.2.2 Produktvariation

Blancke beschreibt den Begriff der Produktvariation als die Änderung bestimmter Eigenschaften bereits am Markt befindlicher Produkte (*Blancke* [1] 2001, S. 99). Diese Änderungen können sich auf folgende Punkte beziehen:

- funktionale Eigenschaften (z.B. verschiedene Ausführungen von Software – MS Office XP Small Business oder MS Office XP Professional)
- ästhetische Eigenschaften (z.B. Home PC oder Server in Rechenzentren)
- symbolische Eigenschaften (z.B. Marke – Intel Pentium, Intel Celeron etc.)
- Zusatzleistungen (z.B. Gewährleistung, Service)

Ziel ist auch hier die Erhöhung des Kundennutzens und Zahl der Vorteile des Produktes. Die Einführung von Produktvariationen kann verschiedene Gründe haben, wie gesetzliche Bestimmungen oder auch das Verhalten der Konkurrenz. So hat beispielsweise Intel die Celeron CPU als abgespeckte Variante des Pentium auf dem Markt eingeführt, um somit dem Konkurrenten AMD Kunden abzuwerben.

#### 3.2.2.3 Produktelimination

Unternehmen die mehrere Produkte anbieten, müssen überprüfen, ob die einzelnen Produkte noch den erwarteten Beitrag zu den Unternehmenszielen leisten (*Blancke* [1] 2001, S. 100). Blancke beschreibt diese Herausnahme von bestimmten Produkten aus dem Produktprogramm als Folge quantitativer und qualitativer Bewertungskriterien.

Zu den quantitativen Kriterien werden Indikatoren der Wirtschaftlichkeit eines Produktes herangezogen, wie Umsatz, Marktanteile, Deckungsbeiträge oder Gewinn. Ergänzend sollten, so Blancke, qualitative Kriterien zur Beurteilung der Produkte, wie gesetzliche Vorschriften, zukünftige Bedarfsstrukturen etc., herangezogen werden. Das qualitative Kriterium verwendet wiederum Punktbewertungsverfahren auf Grundlage quantitativer und qualitativer Faktoren, um das Produkt zu beurteilen (*Blancke* [1] 2001, S. 101).

Kritisch ist hier, ähnlich wie bei der Planung neuer Produkte, die Auswahl und Gewichtung der einzelnen Kriterien. Dies macht die Entscheidung ein Produkt oder sogar ein ganzes Produktsegment zu eliminieren, meiner Meinung nach, äußerst schwierig. Ich möchte dies an einem Beispiel aus der Praxis verdeutlichen.

Die IT wird oftmals als sehr schnelllebige Branche bezeichnet. Dies ist vor allem auf die ständige Entwicklung neuer Produkte zurückzuführen. Gerade auf dem Hardwaresektor lässt sich feststellen, dass aufgrund von Neuentwicklungen „veraltete" Komponenten immer schneller vom Markt verschwinden. Bedingt hierdurch ist auch der Softwaresektor gezwungen, Produkte schneller weiterzuentwickeln, um die neuen verfügbare Ressourcen der Hardware besser ausnutzen zu können. Der Zwang weiterzuentwickeln kann jedoch auch vom Softwaresektor ausgehen, indem zum Beispiel Betriebssysteme nach immer mehr Hardwareressourcen verlangen.

Trotz nachgesagter Schnelllebigkeit bietet die IT auch Beispiele bei denen die Produkteliminierung nicht ohne weiteres angewendet werden kann. Ich beziehe mich hier auf das Beispiel der Serveranwendungen von Microsoft. Trotz des Nachfolgers Windows 2000 und der neuen Version 2003 wird auch Windows NT von Microsoft weiter unterstützt. Dies liegt nicht zuletzt daran, dass Windows NT noch sehr häufig eingesetzt wird. Dagegen ist Windows 95 gänzlich von der Bildfläche verschwunden.

Hieraus ergibt sich folgender Konflikt. Man versucht auf der Seite der quantitativen Faktoren Marktanteile im Serverbereich zu sichern. Dies ist jedoch in den letzten Jahren schwierig geworden, da sich Linux immer mehr auf dem Servermarkt etabliert. Um qualitative Faktoren, wie zum Beispiel das Firmenimage, nicht zu gefährden, lässt sich andererseits feststellen, dass sich sogar Microsoft, trotz des enormen Drucks auf dem heiß umkämpften Servermarkt, vergleichsweise viel Zeit mit der Markteinführung neuer Serverprodukte lässt. Zudem ist die Skepsis gegenüber neuen Produkte und deren Eigenschaften (Sicherheit, Stabilität etc.) auf der Kundenseite meist anfänglich groß, so dass nicht immer mit einem schnellen Umstieg auf neue Systeme gerechnet werden kann. Daher ist es erforderlich, ggf. auch ältere Versionen weiter zu unterstützen, um den Kunden somit weiter zu binden.

#### 3.2.2.4 Programm- und Sortimentspolitik

Blancke beschreibt die zuvor genannten Punkte als das Bestreben nach einer optimalen Programm- und Sortimentsgestaltung (*Blancke* [1] 2001, S. 101). Solche Entscheidungen erfordern die Bestimmung der produkt- und mengenmäßigen Zusammensetzung, der zeitlichen Ausgestaltung des Angebots und der Umfang der Nebenleistungen.

Folgende Begriffe werden im Rahmen der Produkt- und Sortimentsplanung genannt (am Beispiel von Microsoft):

- *Produktprogramm* – Angebotsprogramm des Herstellers (Betriebssysteme, Anwendungsprogramme, Hardware)
- *Produktlinie* – Produkte in enger Beziehung zueinander (Windows Betriebssysteme)
- *Breite des Angebots* – Anzahl der Produktlinien
- *Tiefe des Angebots* – Anzahl der verschiedenen Ausführungen (Betriebssysteme Windows ME, 2000, XP Home, XP Pro usw.)

Die zielgerichtete Entwicklung für bestimmte Kundensegmente und die damit verbundene Angebotsvielfalt (zum Beispiel: XP Home für private Anwender und XP Pro für Unternehmen) macht die Einteilung in Qualitäts- und Preisklassen erforderlich (*Blancke* [1] 2001, S. 103).

Der Begriff „Qualitätsklassen" finde ich im Bezug auf IT-Dienstleister nicht passend. Ein IT-Dienstleister wird weder seine Produkte noch seine Dienstleistungen qualitativ bewerten und in verschiedene Klassen einteilen. Eine evtl. Bewertung diesbezüglich erfolgt allenfalls von den Anwendern selbst, indem Produkte bzw. Dienstleistungen von verschiedenen Anbietern in Anspruch genommen werden.

Ein immer bedeutend werdender Teil der Produkt- und Programmpolitik ist der Bereich der programmpolitischen Nebenleistungen. Dies umfasst das Anbieten von Gewährleistungen oder Supportdienstleistungen.
Gerade diese Nebenleistungen können ausschlaggebend für den Kauf bestimmter Produkte sein. Bietet ein Hersteller Garantieleistungen über den gesetzlich vorgeschriebenen Rahmen hinaus an, kann dies dem Käufer gefahrloses Kaufen

suggerieren und Vertrauen schaffen. Dies erleichtert zudem das akquirieren neuer Kunden.

Gerade auf dem Sektor der Supportdienstleistungen konnte man in den letzten Jahren im Hardwarebereich einen enormen Zuwachs verzeichnen. Dies ist nach meiner Meinung mit dem starken Preisverfall für Hardware zu begründen. Da zum Beispiel PCs mittlerweile auch von Discount-Märkten zu Niedrigstpreisen angeboten werden, versuchen IT-Dienstleister diesen Nachteil durch zusätzliche Dienstleistungen auszugleichen, wie zum Beispiel Vor-Ort-Service oder Abholung defekter Ware beim Kunden. Auch können hier wertvolle Informationen gesammelt werden, die für Verbesserungen der eigenen Produkte eingesetzt werden können.

### 3.2.3 Kontrahierungspolitik

Die Kontrahierungspolitik umfasst alle Entscheidungen und Maßnahmen hinsichtlich des Entgeltes des Leistungsangebots, der möglichen Rabatte sowie der Liefer-, Zahlungs- und Finanzierungsbedingungen (*Blancke* [1] 2001, S. 121).

Ich stimme der Aussage von Blancke zu, dass der Kontrahierungspolitik eine erhebliche akquisitorsiche Bedeutung zukommt. Das Preis-/ Leistungsverhältnis steht im Mittelpunkt kontrahierungspolitischen Überlegungen. Es ist somit auch möglich, kleinere Schwächen des eigenen Produktes (zum Beispiel fehlende Features einer Software gegenüber dem Konkurrenzprodukt) durch einen günstigeren Preis so auszugleichen, dass es dem Kunden für den Kauf wieder attraktiver erscheint. Auch mögliche Leistungen im Zusammenhang mit dem Produkt, wie die kostenfreie Installation der Software, können die Kaufentscheidung wesentlich beeinflussen.

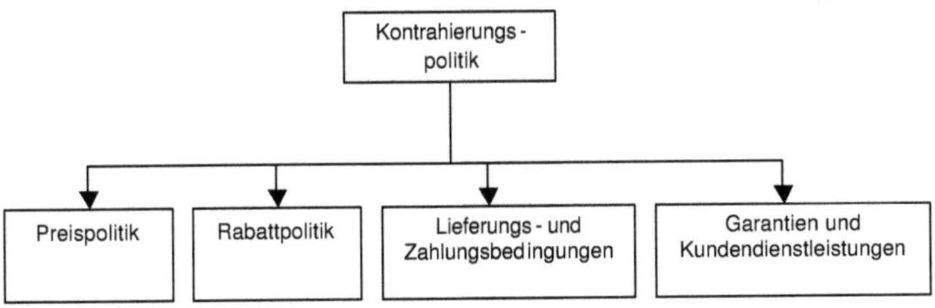


Abbildung 2: Kontrahierungspolitik
(Blancke [1], S.122)

#### 3.2.3.1 Preispolitik

Im Mittelpunkt der Kontrahierungspolitik steht die Preispolitik (*Blancke* [1] 2001, S.122). Jedoch ist die Preisfindung mit den anderen marketingpolitischen Instrumenten entsprechend abzustimmen, um den Marketing-Mix zu optimieren. Eine Abhängigkeit findet sich in verschiedenen Faktoren, wie Nachfrage, Marktform und Marktverhalten, Kostensituation des Unternehmes oder den Absatzwegen.

#### 3.2.3.2 Konditionenpolitik

Unter dem Begriff der Konditionenpolitik werden alle kontrahierungspolitischen Instrumente zusammengefasst, die Gegenstand vertraglicher Vereinbarungen sein können (*Blancke* [1] 2001, S. 144). Die Konditionenpolitik ist beispielsweise beim Verkauf von Softwarelizenzen einsetzbar. So kann dem Kunden bei Abnahme einer bestimmten Menge von Lizenzen ein vertraglich zugesicherter Vorzugspreis gewährt werden bzw. kostenfreie Serviceleistungen rund um die Software.

#### 3.2.3.3 Rabattpolitik

Unter Rabattpolitik versteht man die Gewährung von Preisnachlässen für bestimmte Leistungen und die damit unmittelbar verbundenen Preisveränderungen (*Blancke* [1] 2001, S. 145). Rabatte können dazu dienen den Umsatz zu erhöhen. Durch die freie zeitliche Festlegung, besteht die Möglichkeit einer zeitlichen Steuerung. Beispiele hierfür wären Aktionswochen für Home-PCs, Notebooks, Drucker etc.

#### 3.2.3.4 Liefer- und Zahlungsbedingungen

Liefer- und Zahlungsbedingungen werden im Rahmen eines Kaufvertrages als Katalog von Bestimmungen und Regelungen festgelegt (*Blancke* [1] 2001, S. 148). Damit werden die Geschäftsvorgänge sowohl für den Anbieter als auch für den Kunden abgesichert. Durch die Zahlungsbedingungen können dem Kunden weitere Vergünstigungen (Skonto etc.) angeboten werden, die eine Differenzierung von Konkurrenzprodukten bewirken können.

#### 3.2.3.5 Finanzierung

Ein weiteres Mittel um Kunden zu gewinnen, ist die Möglichkeit der Finanzierung. War die Finanzierung früher fast nur Unternehmen vorenthalten, wie die Finanzierung ganzer Firmennetzwerke, wird sie mittlerweile auch für Privatanwender angeboten, wie zum Beispiel von DELL und Vobis. So werden potentielle Kunden angesprochen, die zwar gerne kaufen würden, denen es jedoch an Kaufkraft mangelt.

### 3.2.4 Distributionspolitik

Nachdem das Angebot und die dazugehörigen Preise festgelegt wurden, ist zu entscheiden, wie die Produkte über Absatzkanäle und Verkaufsorgane zum Kunden gelangen. Diese Entscheidungen und Maßnahmen beinhaltet die Distributionspolitik.
Unter akquisitorischer Distribution sind vertragliche oder kommunikative Beziehungen zu verstehen. Dagegen handelt es sich bei der physischen Distribution um organisatorische Fragen, wie zum Beispiel die physische Überbrückung von Ort und Zeit (*Blancke* [1] 2001, S. 157).

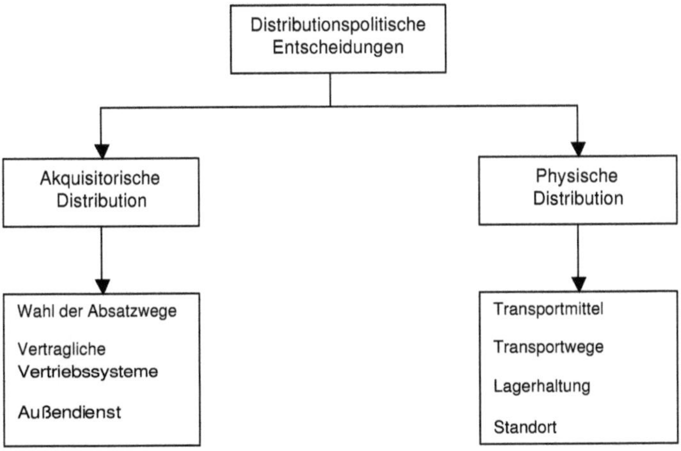


Abbildung 3: Distributionspolitik
(Blancke [1], S. 156)

#### 3.2.4.1 akquisitorische Distribution

Im Rahmen der akquisitorischen Distribution werden Entscheidungen über Absatzwege, Absatzmittler, vertragliche Vertriebssysteme und über den Außendienst getroffen (*Blancke* [1] 2001, S. 159).
Entscheidungen bezüglich der Absatzwege sind nach Blancke langfristig zu treffen, da kurzfristige Wechsel allgemein nicht möglich sind, bedenkt man zum Beispiel Verträge mit Lieferanten, die letztlich auch Auswirkungen auf die Preispolitik und -gestaltung haben.
Über die Wahl der Absatzwege wird des weiteren festgelegt, wie die Produkte an die Kunden weitergegeben werden. Dies kann direkt (zum Beispiel bei DELL) oder indirekt (zum Beispiel bei HP) über Zwischenstufen wie dem Einzelhandel erfolgen.

Durch den direkten Absatz ergeben sich folgende Vorteile für den Kunden bzw. den Hersteller:

| **Vorteile** | |
|---|---|
| **Kunde** | **Hersteller** |
| • Direkter Kontakt zum Hersteller<br>• Bessere Serviceleistungen | • Überprüfung der Wirksamkeit des Marketing-Mix<br>• Direkter Einfluss auf Gestaltung des Marketing-Mix<br>• Intensiverer Einsatz für den Absatz eigener Produkte |

Ein gravierender Nachteil entsteht jedoch für den Hersteller durch den Aufbau eines eigenen Vertriebssystems, da dies mit hohen Kosten verbunden ist.
Einen wichtigen Beitrag für den direkten Vertrieb stellt das Internet zur Verfügung wie im weiteren Verlauf (Kapitel 3.3.5) noch beschrieben wird.

Der indirekte Absatz erfolgt über selbstständige Zwischenglieder wie Groß- und Einzelhandel oder auch so genannte Vertriebspartner. Bei physischen Gütern ergibt sich für den Hersteller der Vorteil, dass die Kosten für den Absatzweg niedriger sind, da die direkte Lieferung zum Kunden über den Groß- und Einzelhandel erfolgt. Zudem werden meist auch Dienstleistungen, wie zum Beispiel der Support von Software oder Garantieleistungen, durch den Vertriebspartner übernommen.

#### 3.2.4.2 Marketing-Logistik

Ein wichtiger Punkt stellt die Marketing-Logistik dar. Diese sorgt dafür, dass das richtige Produkt in der richtigen Menge und zu der gewünschten Zeit zu dem vom Kunden verlangten Ort gelangt (*Blancke* [1] 2001, S. 183).
Deutlich wird dieser Sachverhalt in Verbindung mit Serviceleistungen. Denkt man zum Beispiel an den Ausfall eines Servers in einem Rechenzentrum, so ist der Betreiber daran interessiert, den Ausfall möglichst kurz zu halten. Daher muss es der Hersteller (z.B. DELL) als Verpflichtung ansehen, möglichst schnell einen gleichwertigen Ersatz zu liefern. Werden diese Kriterien erfüllt, wird die Kundenbindung langfristig gefördert.

### 3.2.5 Kommunikationspolitik

Die Kommunikationspolitik eines Unternehmens umfasst, so Blancke, alle Maßnahmen, die auf die Einstellungen und das Verhalten von Marktteilnehmern einwirken und diese zu einem bestimmten Verhalten veranlassen solen (*Blancke* [1] 2001, S. 190).

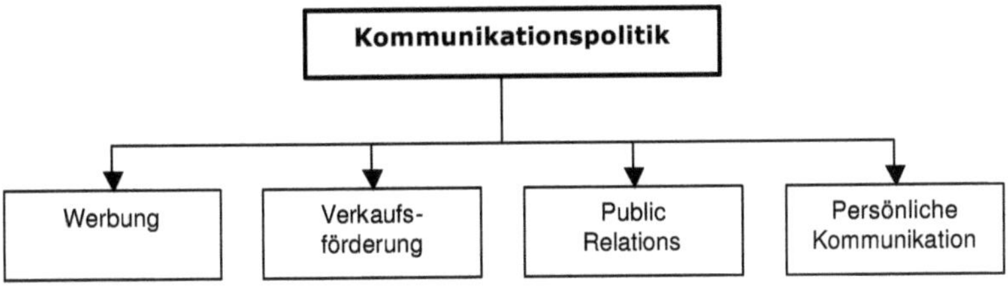


Abbildung 4: Instrumente der Kommunikationspolitik
(Blancke [1], S.191)

Blancke beschreibt die Werbung als das wichtigste unternehmensabhängige Instrument der Verbraucherbeeinflussung gemäß der unternehmensspezifischen Zielsetzungen (*Blancke* [1] 2001, S. 191).

Aufgrund der Formenvielfalt in der Werbung ist es zunächst wichtig die Gestaltung der Werbebotschaft zu planen. Ausschlaggebend hierfür ist das Ziel der Werbebotschaft. Anschließend muss entschieden werden, welche Werbeträger zum Einsatz kommen sollen.

Mögliche Instrumente der Werbung sollen nachfolgend näher beschrieben werden.

#### 3.2.5.1 Testberichte

Testberichte wie Sie zum Beispiel in Fachzeitschriften abgedruckt werden, haben den Vorteil, dass das eigene Produkt mit der Konkurrenz aus der Sicht einer unabhängigen dritten Partei beurteilt und bewertet wird. Dies fördert vor allem die Glaubwürdigkeit, da sich die Bewertungen auf die durchgeführten Tests beziehen und nicht auf die Herstellerangaben. Dadurch kann die Kaufentscheidung beim Interessenten entscheidend beeinflusst werden. Diese Form der Werbung kann sich jedoch auch gleichermaßen negativ für das eigene Produkt auswirken, falls Konkurrenzprodukte den Test positiver bestehen. Auch die bewerteten Kategorien können das eigentliche Gesamtergebnis verfälschen, d.h. wird nur das eigentliche Produkt (z.B. Software) betrachtet oder auch Dienstleistungen rund um das Produkt, wie zum Beispiel Installation, Bezug von kostenlosen Updates oder Supportdienstleistungen.

Da Fachzeitschriften mittlerweile auch meist Online erreichbar sind, können diese Testberichte auch über das Internet erreicht werden. Meist werden diese Berichte auch in Archive aufgenommen, die auch nach Monaten des Erscheinens noch erreichbar sind.

#### 3.2.5.2 Anzeigen und Inserate

In der IT sind Anzeigen und Inserate auch aufgrund der geringen Kosten immer noch aktuell und sehr beliebt. Gerade für kleinere Unternehmen oder auch Dienstleister als Freiberufler ist dieser Werbeträger erschwinglich.
Vorteile ergeben sich ebenfalls in der Verbreitung. Es kann hier entschieden werden, ob das Inserat regional oder überregional in einer Zeitung oder Zeitschrift abgedruckt werden soll. Weiterhin lässt sich beeinflussen wer mit dem Inserat erreicht werden soll. Eine Privatperson, die einen neuen PC kaufen möchte, kann durchaus über die Tageszeitung erreicht werden. Ein Anbieter spezieller Software (z.B. für Webhosting) wird sich dagegen auf Fachzeitschriften beschränken, um so gezielt potentielle Kunden erreichen zu können.

#### 3.2.5.3 Prospekte

Ähnlich wie bei Anzeigen, kann auch der Verbreitungsgrad bei Prospekten beeinflusst werden, zum Beispiel als Beilage zur Tageszeitung oder Postsendung für potentielle Kunden. Der Vorteil von Prospekten liegt vor allem im Informationsgehalt. Im Gegensatz zu Anzeigen bieten Prospekte mehr Platz für Informationen bezüglich der angebotenen Produkte. Farbige Abbildungen wie Produktbilder oder Screenshots sowie genaue Produktbeschreibungen können das Interesse des möglichen Kunden wecken.

#### 3.2.5.4 TV-Spots und Werbefilme

TV-Spots und Werbefilme sind aufgrund der hohen Kosten nur bedingt einsetzbar. Vor allem die „Globalplayer" der IT wie zum Beispiel Microsoft oder IBM haben nicht nur die finanziellen Mittel für dieses Werbemittel, sondern sind auch überregional tätig. Des weiteren werden sämtliche Zielgruppen abgedeckt, vom kleinen Privatanwender am Home-PC bis zu ganzen Unternehmen die mit Software oder Hardware ausgestattet werden sollen. Kooperationen bei TV-Spots oder Werbefilmen, wie zum Beispiel Porsche und HP, können zudem Synergieeffekte (z.B. bezüglich Qualität) hervorrufen und somit den Kunden vom Produkt überzeugen.

#### 3.2.5.5 Sponsoring

Auch beim Sponsoring steht die Frage im Vordergrund, wer mit der Werbebotschaft erreicht werden soll. In der IT ist das Sponsoring für kleine IT Dienstleister wohl eher uninteressant und damit größeren Unternehmen vorenthalten.

HP und Compaq treten beispielsweise als Sponsor für das BMW-Williams Formel 1 Team auf. Mögliche Assoziationen die mit diesem Sport verbunden werden, wie Geschwindigkeit und High-Tech, lassen sich auf das eigene Produkt übertragen. Zudem ist garantiert, dass die Werbebotschaft aufgrund der weltweiten Fernsehausstrahlung verbreitet wird und somit ein großes Publikum erreicht.

#### 3.2.5.6 Event-Marketing

Unter Event-Marketing wird das Gestalten von Ereignissen verstanden (*Blancke* [1] 2001, S. 238). Diese werden vom Veranstalter dramaturgisch aufbereitet, so dass die Teilnehmer durch die Mischung aus Information und Unterhaltung (Infotainment) angesprochen werden. Infotainment kann in verschiedenen Formen, wie zum Beispiel Konferenzen, Präsentationen, Messen oder Road-Shows, auftreten.
Aufgrund der hohen Kosten solcher Veranstaltungen, bleibt auch dieses Instrument größeren Unternehmen vorenthalten. Spätestens seit der Einführung von Windows 95 wird das Event-Marketing von Microsoft geradezu traditionell zur Einführung und Vorstellung neuer Produkte eingesetzt. Auch die Konkurrenz SUN setzt ihrerseits solche Veranstaltungen gerne für einen öffentlichen Schlagabtausch ein, die aufgrund verschiedener Medienpräsenzen, wie Presse und Fernsehen, auch überaus medienwirksam umgesetzt werden.

#### 3.2.5.7 Verkaufsförderung (Promotion)

Die Verkaufsförderung zielt auf die direkte Erhöhung der Absatzzahlen und somit einem Anreiz zum Kauf (vgl. *Blancke* [1] 2001, S. 224).

Blancke unterscheidet drei Bereiche der Verkaufsförderung:

- *konsumorientierte Verkaufsförderung* – dies schließt Sonderangebote, Preisausschreiben oder das Testen des Produktes (z.B. Shareware) ein
- *handelsbezogene Verkaufsförderung* – wie zum Beispiel Preisnachlässe und Produktschulungen
- *außendienstbezogene Verkaufsförderung* – zielt in erster Linie auf die Motivation des Außendienstes durch Unterstützung der Verkaufsaktivitäten, wie Produkthandbücher, EDV für Live-Vorführungen

#### 3.2.5.8 Öffentlichkeitsarbeit (Public Relations)

Im Gegensatz zu den zuvor genannten Instrumenten zielt die Öffentlichkeitsarbeit (Public Relations) nicht auf den Absatz, sondern darauf Vertrauen zu werben und Meinungen zu bilden. Ziel ist die Gestaltung der Beziehung zwischen Unternehmen und der nach Anspruchsgruppen gegliederten Öffentlichkeit (*Blancke* [1] 2001, S. 226).

Dialoge erleichtern dem Unternehmen evtl. Krisenkommunikation und soll Verständnis für das Auftreten von Krisen beim Adressaten finden. Die Bedeutung der Öffentlichkeitsarbeit lässt sich auch dadurch erkennen, dass viele Unternehmen eine eigene Public Relations-Abteilung einrichten.

Ein Beispiel für Public Relations ist die Imagepflege eines Unternehmens. Dies kann durchaus unter Verwendung zuvor genannter Instrumente der Kommunikationspolitik durchgesetzt werden, wie beispielsweise das Sponsern von EDV für öffentliche Einrichtungen oder die Unterstützung von Forschungsprojekten. Das Public Relations bei falscher Umsetzung sich auch negativ auswirken kann, hat Microsoft jüngst bewiesen. Hier wurde eine Schule mit komplett neuen PCs (gesponsert von Microsoft) ausgestattet, jedoch sollten die Softwarelizenzen teuer an Microsoft bezahlt werden. Kurze Zeit darauf scheiterte ein ähnliches Vorhaben in Indien aufgrund dieses Vorfalls.

### 3.2.5.9 Corporate Identity

Als Weiterentwicklung der Öffentlichkeitsarbeit betrachtet Blancke die Philosophie des Corporate Identity – die Schaffung eines positiven Images in der Öffentlichkeit. Ziel ist es die unterschiedlichen Kommunikationsinstrumente derart zu koordinieren, dass ein einheitliches und unverwechselbares Unternehmensbild geschaffen wird (vgl. *Blancke* [1] 2001, S. 230).

Nebenbei bedient sich die Corporate Identity-Politik Instrumente des:

- *Corporate Design* – z.B. visuelle Gestaltung des Firmennamens bzw. -logos (Microsoft Schriftzug und Windows Logo)
- *Corporate Communication* – unternehmensspezifische Slogans (z.B. Microsoft: „Where do you want to go today" oder „Yes, you can!" für Windows XP), Werbung und Aussagen im Rahmen der PR-Arbeit
- *Corporate Behaviour* – umfasst das Verhalten des Unternehmens auf den verschiedenen Märkten oder gegenüber Mitarbeitern, diese werden häufig als „Leitsätze" dokumentiert

### 3.2.5.10 Product-Placement

Eine eher unscheinbare Form der Werbung ist das Product-Placement. Hierunter versteht man eine werbewirksame Integration von Produkten und/ oder Dienstleistungen in Medienprogramme (Kino- und Fernsehprogramme). Blancke begründet das Einsetzen des Product-Placements als Versuch der wachsenden Abneigung klassischer Werbung entgegenzuwirken (vgl. *Blancke* [1] 2001, S. 232).
Die Wirkung des Product-Placements kommt, so Blancke, dadurch zur Geltung, dass

- sich das Image des Films und der Schauspieler auf das Produkt übertragen und sich so eine höhere Glaubwürdigkeit im Vergleich zur Werbung erzielen lässt (z.B. Verwendung von DELL oder Apple Notebooks und PCs in Kinofilmen)
- sich Lern- und Konditionierungseffekte bei den Zuschauern durch das fortlaufende Registrieren der Produkte einstellen und
- auch die Zuschauer erreicht werden, die bei Einsetzen der Werbung „zappen"

### 3.2.5.11 Direkt-Marketing

Im Gegensatz zum Product-Placement, wo der Zuschauer nur mittelbar erreicht wird, bietet das Direkt-Marketing die Möglichkeit die Zielgruppe unmittelbar anzusprechen (*Blancke* [1] 2001, S. 233). Mittel hierfür können Briefe, Werbemittel wie Produkt-Flyer oder auch das Telefon sein. Ein entscheidendes Merkmal ist der direkte Kontakt zwischen Anbieter und dem Umworbenen. Zu den Zielgruppen des Direktmarketings zählen gleichermaßen Endverbraucher wie auch Unternehmen oder nicht-gewerbliche Abnehmer.

Das Direkt-Marketing hat durch die Erweiterung der technischen Möglichkeiten stark an Bedeutung gewonnen, wie im weiteren Verlauf unter dem Kapitel des Online-Marketings noch erläutert wird.

### 3.2.5.12 Messe-Marketing

Für die Kommunikation mit potentiellen Kunden bietet sich ebenfalls das Messe-Marketing an (z.B. Cebit). Vorteil hierbei ist, dass das Publikum bereits durch sein Erscheinen Interesse bekundet. Dies erleichtert die persönliche Kommunikation, so Blancke (vgl. *Blancke* [1] 2001, S. 235).
Aufgrund der Zielgruppenerreichbarkeit sind solche Messen als relativ kostengünstig einzustufen. Für das Publikum besteht die Möglichkeit die Produkte vor Ort zu testen und mit Konkurrenzprodukten zu vergleichen. Gleichermaßen bietet sich für den Aussteller die Möglichkeit intensiv Konkurrenzforschung zu betreiben.

## 3.3 Das Online-Marketing für IT-Dienstleister

Wie bereits in Abschnitt 3.1.1 erwähnt wurde, erfreute sich das Medium Internet in den letzten Jahren zunehmender Beliebtheit. Die Zahl der Unternehmen die auch das e-Business für sich entdeckten und nutzen, vergrößert sich ständig und damit auch die Anzahl der werbetreibenden Websites.

Dies hat auch zur Folge, dass sich auch das Marketing von Tag zu Tag verschärft. Zwangsläufig ist es nun erforderlich, kreative und individuelle Marketingstrategien zu entwickeln, um sich von der Konkurrenz zu differenzieren und eine Position gegenüber dem Kunden zu beziehen.
Mit dem Internet erlebte auch die IT-Branche in den letzten Jahren einen extremen Aufschwung. Jetzt, nach dem Hype, ist es für IT-Unternehmen umso schwerer, sich aus der Masse hervorzuheben. Die Folge war ein „.com-Sterben", d.h. viele Unternehmen verschwanden genauso schnell wie Sie entstanden waren. Um dem entgegenzuwirken, war es erforderlich, Mittel und Wege zu finden, um dem potenziellen Kunden eigene Produkte und Dienstleistungen möglichst schnell und effizient bekannt zu machen.

Hierfür stellt das Online-Marketing, ergänzend zum klassischen Marketing, Mittel und Wege zur Verfügung diese Ziele umzusetzen. Die ursprüngliche Definition des Marketing (vgl. 2.1) behält weiterhin Ihre Gültigkeit. Unter Online-Marketing versteht man nun die Übertragung sämtlicher Marketingaktivitäten auf das Internet (*Blancke* [2] 2001, S.8).

Statt von Online-Marketing wird auch von e-Marketing gesprochen. E-Marketing wird definiert als die Nutzung der neuen, interaktiven, digitalen Informations- und Kommunikationsmedien im Marketing (vgl. *Warschburger/Jost* 2001, S. 6).

Die Anwendung des Online-Marketings für den Bereich der IT-Dienstleister erscheint als logische Konsequenz und zwangsläufige Notwendigkeit, da meist die notwendigen Techniken und Instrumente für das Online-Marketing von IT-Dienstleistern auf Basis des WWW[5] angeboten werden. Dennoch ist es nicht möglich, dass gänzlich auf das klassische Marketing verzichtet werden kann. Vielmehr sollte folgende Frage im Vordergrund stehen:

„Welche Bedürfnisse haben unsere Kunden und wie können wir diese Bedürfnisse mit den neuen Technologien besser befriedigen als bisher und damit Wettbewerbsvorteile erzielen?" (vgl. Warschburger/ Jost 2001, S. 6).

[5] World Wide Web – weltweites Netz; der multimediale Dienst des Internets

### 3.3.1 Merkmale des Online-Marketing

Die unter 3.2.1 genannten Aspekte lassen sich ebenso auf das Online-Marketing anwenden. Ziel des Online-Marketings ist daher, wie bei allen Marketingaktivitäten, die Akquisition von neuen Kunden und deren Bindung an die eigene Unternehmung sowie die Erweiterung oder Erhaltung eigener Marktanteile (vgl. auch Abschnitte 3.1.1 bis 3.1.3).

Die Umsetzung der Marketingziele ist meist mit entsprechend hohen Investitionen verbunden, die erst nach erfolgreichem Umsetzen des Marketings, z.B. der dauerhaften Bindung eines Kunden, gedeckt werden können. D.h. die Kombination aus Kundengewinnung und dauerhaften Kundenbindung ist für das eigene Unternehmen wesentlich kostengünstiger und sollte daher als Zielsetzung gelten.

Die dauerhafte Kundenbindung kann durch direkte Kommunikation wesentlich gefördert werden. Hierfür stellt das Online-Marketing eine ideale Grundlage durch entsprechende Instrumente zur Verfügung.

Nach Warschburger/ Jost sollte die Marketingkonzeption gleich welcher Art und gleich welcher Mediennutzung stets erfolgsorientiert ausgerichtet sein (vgl. *Warschburger/ Jost* 2001, S. 10). Dies macht es erforderlich, die Vor- und Nachteile des jeweiligen Mediums zu kennen und entsprechend erfolgsorientiert einzusetzen. Hierbei ist darauf zu achten, dass Vorteile entsprechend ausgebaut und Nachteile weitestgehend vermieden werden.

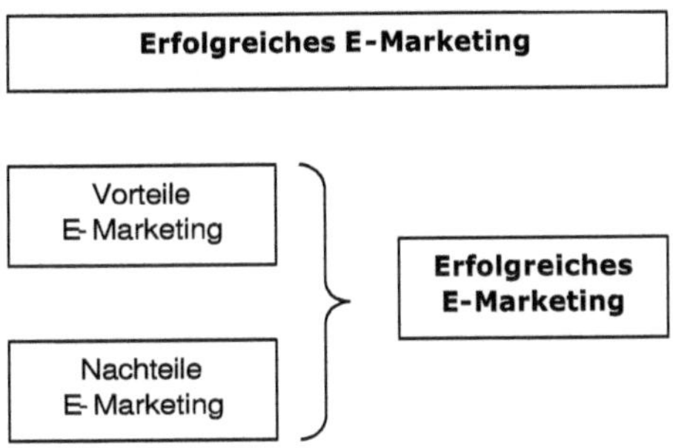


Abbildung 5: Erfolgsorientiertes E-Marketing
(Warschburger/ Jost 2001, S. 11)

### 3.3.2 Chancen und Risiken des Online-Marketing

Statistiken und Prognosen zur Entwicklung des Internet-Marktes müssen ständig nach oben korrigiert werden. Nach Bhattacharjee erhöhte sich die Anzahl der Hosts[6] im Internet seit 1995 jährlich um 6 Millionen (vgl. *Bhattacharjee* 1997, S. 13). Wie die Hostentwicklung in Abbildung 6 und 7 erkennen lässt, zeigt sie einen deutlichen Anstieg bis in das Jahr 2003. Es lässt sich auch weiterhin vermuten, dass dieser Trend fortgesetzt wird.

Das sich hieraus ergebende Problem ist die Nutzung des Internets. Nach Blancke (vgl. *Blancke* [2] 2001, S. 11) wird das Internet von den Online-Usern zielorientiert und bewusst genutzt. Dies bedeutet, dass die Aufnahmebereitschaft für Werbebotschaften als gering einzustufen ist.

Eine breite Streuung von Werbebotschaften ist daher nur bedingt einsetzbar. Dies erschwert die Akquisition neuer Kunden, da der Kunde selbst darüber entscheidet was, wo und wie lange er das Angebot im Internet eines Unternehmens betrachtet.

Der Informationsfluss und die Kommunikationssituation wird gänzlich vom Online-Nutzer gesteuert ohne das eine direkte Einflussnahme des anbietenden Unternehmens erfolgt.

Um den Online-Nutzer auf das eigene Angebot aufmerksam zu machen und sich vom Angebot der Konkurrenz abzuheben, kann man sich der Instrumente des Online-Marketings bedienen. Diese Instrumente werden unter Abschnitt 3.3.3 näher beschrieben.

Ein entscheidender Vorteil ergibt sich dagegen bei der Kundenbindung. Ein maßgeblicher Vorteil des Internets besteht zweifellos in der Tatsache, dass geographische Schranken der Kommunikation aufgehoben werden und damit eine weltweite Präsenz garantiert wird (vgl. *Warschburger/ Jost* 2001, S. 11).

Dieser Aussage kann man zweifellos zustimmen, bedenkt man, dass es im Internet schnell und einfach möglich ist, dem Kunden Angebote zu unterbreiten. Gerade in der IT sind Preisschwankungen und Produktneuerungen an der Tagesordnung. Das Internet bietet sich hierbei besonders an, um Aktualisierungen schnell an den Kunden weiterzugeben und zugänglich zu machen. Beispiel hierfür ist der Download von Produktupdates für Software, wie etwa Sicherheitsupdates für Microsoft Windows oder das Konfigurieren von kompletten PCs nach eigenen Wünschen bei einem Hardwareanbieter wie DELL oder Conrad Electronic.

[6] Host: im Internet angeschlossener Rechner (Bhattacharjee 1997, S. 13)

Auch der Online-Support kann dem Kunden schnelle Hilfe verschaffen ohne das dieser sich an den Geschäftszeiten des Anbieters orientieren muss. Oftmals entscheidet sich hier, ob der Kunde das Angebot ein zweites Mal in Anspruch nimmt. Kundenzufriedenheit ist damit auch hier ein ausschlaggebender Faktor bei der Kundenbindung.

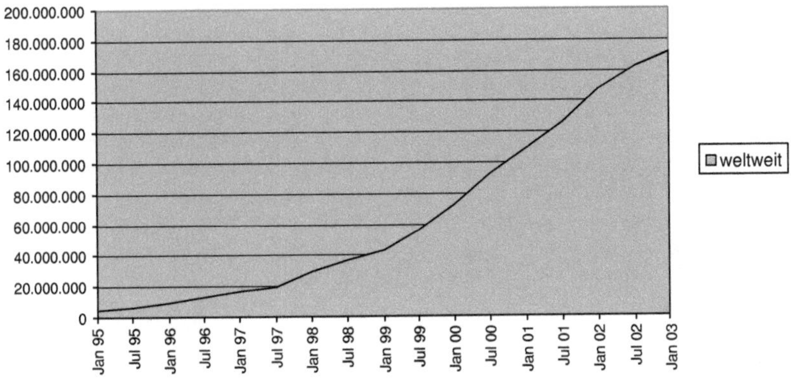


Abbildung 6: weltweite Hostentwicklung
von 1995 – 2003 (Quelle: www.isc.org)

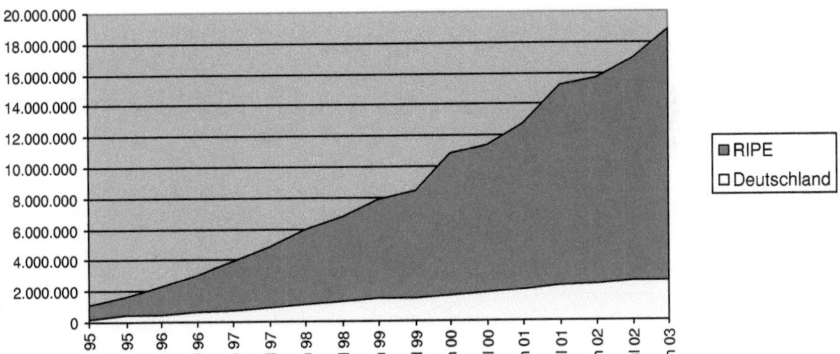


Abbildung 7: Hostentwicklung im Bereich der RIPE[7] und Deutschland
von 1995 – 2003 (Quelle: www.denic.de)

[7]RIPE: Zuständigkeitsbereich für Hosts in Europa, mittlerer Osten, Teile Asiens (frühere UdSSR), nördliche Hälfte von Afrika

### 3.3.3 Produkt- und Programmpolitik

Ähnlich wie beim Offline-Marketing, stehen auch im Online-Marketing die Bedürfnisse des Kunden im Mittelpunkt (vgl. 3.2.2). Unter dem Aspekt des Online-Marketings wird jedoch versucht, die Vorteile und Möglichkeiten des Online-Marketing vorteilhaft in die Produkt- und Programmpolitik einfließen zu lassen.

Nach Blancke kann, bedingt durch die Interaktivität im Rahmen der Produktpolitik, eine Individualisierung der Produkte erfolgen, d.h. Produkte können auf die Bedürfnisse des Kunden angepasst werden (vgl. *Blancke* [2] 2001, S. 51). Diese Aussage bezieht sich vor allem auf die gezieltere und effizientere Kundenbedürfnisbefriedigung unter Einsatz der neuen Medien in Form von Zusatznutzen. Blancke beschreibt diese Philosophie als Wandel vom Produkthersteller zum Problemlöser. So wird neben dem eigentlichen Produkt (z.B. Software) zusätzliche, nutzbringende Leistungen angeboten, die dem Kunden zusätzliche Vorteile bringen. Dies können Dienst- und Serviceleistungen wie Systemüberprüfungen und die Installation von Updates sein.

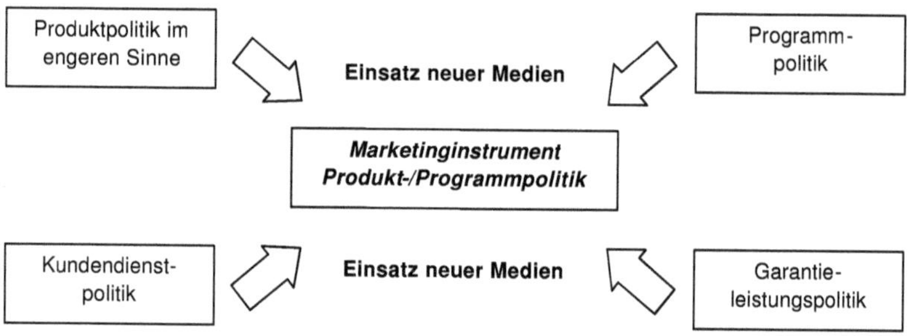


Abbildung 8: E-Marketinginstrument Produkt-/ Programmpolitik
(Warschburger/ Jost 2001, S. 60)

#### 3.3.3.1 Produktinnovationen und Produktvariationen

Nach Warschburger/ Jost werden produktspezifische Neu- und Weiterentwicklungsmöglichkeiten als „kritischer Erfolgsfaktor" bezeichnet (*Warschburger/ Jost* 2001, S. 62). Dem ist zuzustimmen, bedenkt man, dass dem Interessenten über das Internet eine Fülle von Angeboten zur Verfügung steht, aus denen frei gewählt werden kann. Somit hat der Kunde die Möglichkeit verschiedene Produkte mit gleichem Nutzen schnell und einfach zu vergleichen. Hieraus ergibt sich für den Anbieter die Notwendigkeit neue Innovationen in immer kürzerer Zeit zu entwickeln und auf den Markt zu bringen.
Erschwerend kommt für die kommerziellen Anbieter hinzu, dass zum Beispiel in der Softwareentwicklung „OpenSource"-Software im Internet kostenlos zur Verfügung gestellt wird, die den gleichen Nutzen anbietet, wie das eigene kommerzielle Produkt. Um dennoch Kunden für das eigene Produkt zu interessieren, ist es erforderlich, dass eigene

Produkt entsprechend weiterzuentwickeln, um sich so von „OpenSource" und nicht zuletzt von der Konkurrenz abzuheben.

Entsprechende Vorteile ergeben sich dagegen beim Entwicklungsprozess von Produkten. Oftmals werden Produktinnovationen in Kooperationen entwickelt. Durch den Einsatz neuer Medien können geographische Schranken aufgehoben werden, so dass zum Beispiel verschiedene Unternehmen auf verschiedenen Kontinenten gemeinsam an einem Produkt entwickeln können. Benötigte Daten können schnell und einfach über das Internet ausgetauscht werden, wie zum Beispiel bei hardwarenaher Softwareentwicklung. Hier erfolgt ein ständiger Austausch zwischen den Entwicklern der Software und dem Hardwareanbieter, um eine möglichst effiziente Ausnutzung der Hardware zu ermöglichen.

Auch die Sammlung von Informationen für das neue Produkt kann wesentlich vereinfacht und beschleunigt werden. Sei es durch Marktforschung, Produkttests oder Recherchen über aktuelle Forschungsergebnisse im Internet. Auch das Verhalten der Konkurrenz, bezüglich der Veröffentlichung und Eigenschaften neuer Produkte, kann berücksichtigt werden.

Blancke geht sogar von einer möglichen Verringerung des Risikos von Produktinnovationen aufgrund der Informationssammlung im Kundenkreis aus (*Blancke* [2] 2001, S. 54). Kritisch sei jedoch auch hier angemerkt, dass sich die Umsetzung der Kundenwünsche bei unterschiedlichen Forderungen von Seiten der Kunden schwierig ist. Zudem besteht bei falscher Recherche die Gefahr einer einseitigen Entwicklung (vgl. auch 3.2.2.1).

#### 3.3.3.2 Produkt-/ Sortimentspräsentationen

Bei der Produkt- und Sortimentspräsentation handelt es sich nicht um ein operatives Instrumentarium der Kommunikationspolitik, da im Sinne von rein informatorischen Gesichtspunkten das Produkt- bzw. Sortiment dem Betrachter präsentiert wird (*Warschburger/ Jost* 2001, S. 68).

Zum Einsatz können hierfür zum Beispiel neue Medien wie CD-ROM oder Internet kommen. Einsatzbeispiele können sein:

- *3D Animation der Produkte* – z.B. Notebooks in 3D Ansicht ermöglichen es dem Interessenten, sich ein Bild über das Design oder allgemeine äußerliche Merkmale (Anschlüsse etc.) zu machen
- *Bedienungsanleitung* – multimediale Bedienungsanleitungen
- *Online-Demo* – der Interessent kann sich selbst über die Leistungsfähigkeit des Produktes überzeugen

Blanke empfiehlt, aufgrund der Nutzung des Internets, eine fraktale Informationspolitik, indem zunächst nur Kerninformationen dem Kunden zugänglich gemacht werden. Durch weiterführende Links der Besucher weitere Informationen abrufen oder Produktblätter bzw. im Softwarebereich Testversionen downloaden (*Blanke* [2] 2001, S. 52). So kann eine Informationsüberflutung auf Seiten des Kunden vermieden werden. Zu beachten ist hierbei vor allem die Erreichbarkeit und die Aktualität des Angebots. Speziell eingesetzte Links sind daher stets auf Aktualität und Erreichbarkeit zu überprüfen.

Spezielle Angebote oder Aktionspreise sowie Produktneuheiten lassen sich vorteilhaft in einem Online-Shop platzieren. Wichtig ist jedoch auch hier, dass das Angebot möglichst einfach und schnell für den Interessenten erreichbar ist.

Nach Warschburger/ Jost ist bereits bei der Produktpräsentation darauf zu achten, dass weitere Leistungen zum Produkt angegeben werden (*Warschburger/ Jost* 2001, S. 70).

Dies ist ein sehr wichtiger Aspekt, da man nur so einen Gesamteindruck vom Produkt übermitteln kann. Es kann nicht davon ausgegangen werden, dass der Interessent entsprechende Informationen im Zusammenhang mit Nebenleistungen sucht und findet (siehe auch 3.2.2). Produkt und Nebenleistungen sollten als eine Gesamtheit betrachtet und somit auch präsentiert werden.

#### 3.3.3.3 Kundendienstpolitik

Die Kundendienstpolitik umfasst Leistungen vor, während und nach dem Kauf. Unter dem Aspekt der generellen Kundenzufriedenheit und der damit verbundenen Kundenbindung ist diese Beziehung zwischen Kunde und Unternehmung keinesfalls zu vernachlässigen.

Anhand eines Beispiels soll auf die Begriffe Pre-Sales Services, During-Sales Services und After-Sales Services eingegangen werden.

**Beispiel:**
Ein Internetserviceprovider (ISP) möchte eine neue Software zur Administration seiner Server einführen.

- *Pre-Sales Services*: Der Softwarehersteller bietet neben einer Online-Demo auch das unverbindliche Testen der Software auf den eigenen Servern des ISP an.
- *During-Sales Services*: Der Hersteller bietet die kostenlose Installation auf dem Server des ISP an sowie entsprechende Konditionen bei Abnahme mehrerer Lizenzen (siehe hierzu auch Kapitel 3.2.2)
- *After-Sales Services*: Der Hersteller bietet diverse Supportverträge bzw. kostenlose Serviceleistungen (FAQs, Foren) rund um das Produkt an

#### 3.3.3.4 Garantieleistungspolitik

Entsprechende Garantieleistungen können zusätzliches Vertrauen schaffen und die Kundenakquirierung fördern bzw. die Kundenbindung verstärken. Garantieleistungen umfassen sowohl serviceorientierte Garantien als auch ein Beschwerde- und Reklamationsmanagement (*Warschburger/ Jost* 2001, S. 112).

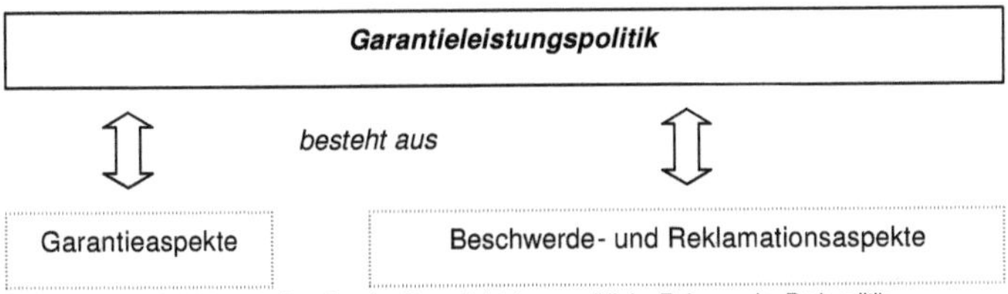


Abbildung 9: Aspekte der Garantieleistungspolitik im Rahmen der Preispolitik
(Warschburger/ Jost 2001, S. 112)

Im Bezug auf die Verwendung der neuen Medien wird von IT-Dienstleistern oftmals das Internet für Reklamationsbehandlungen eingesetzt. Reklamations- bzw. Beschwerdeanfragen können meist über ein Formular an den Anbieter bzw. gezielte Abteilungen weitergeleitet werden. Die Effizienz solcher Verfahren zeigt sich vor allem bei großen IT-Dienstleistern wie HP. Dort werden Anfragen direkt an die entsprechenden Service-Teams (Drucker, Notebooks etc.) weitergeleitet und können sofort bearbeitet werden. Eine interne Weiterleitung und der evtl. Verlust der Nachricht wird so nahezu ausgeschlossen.

Eine schlechte Abwicklung solcher Reklamations- bzw. Beschwerdeanfragen kann zu einer dauerhaften Schädigung des Unternehmensimage führen und ist daher ebenfalls nicht zu vernachlässigen.

### 3.3.4 Kontrahierungspolitik

Da bereits in Abschnitt 3.2.3 ausführlich auf die Kontrahierungspolitik eingegangen wurden, soll nachfolgend nur auf sich ergebende Unterschiede zum Offline-Marketing eingegangen werden.

#### 3.3.4.1 Einfluss auf die Preisstrategie durch das Unternehmen

Bedingt durch die unterschiedlichen Vertriebsmöglichkeiten, lassen sich zum Beispiel bei Software Logistikkosten vermeiden, indem das Produkt dem Kunden digital zum Download bereitgestellt wird. Das sich daraus ergebende Problem ist die Preisfestlegung, wenn das Produkt sowohl Online, als auch Offline angeboten wird. Es steht die Frage, ob bei einem Produkt mit gleichem Nutzen unterschiedliche Preise, in Abhängigkeit vom Vertriebskanal, festgelegt werden (vgl. *Warschburger/ Jost* 2001, S. 126).

Bei physischen Gütern, wie zum Beispiel Hardware, sind genau wie im Offline-Marketing entsprechende Kosten für Logistik und auch anfallende Kosten bei Reklamationen in den Preis einzubeziehen.

Bietet das Unternehmen kostenpflichtige Dienstleistungen an, d.h. Dienstleistungen, die nicht als Nebenleistung beim Kauf eines Produktes im Kaufpreis beinhaltet sind, kann die Preisfestlegung durch die Preispolitik der Konkurrenz maßgeblich beeinflusst werden. Hat der Anbieter dagegen den Status des Marktführers, d.h. er bietet diese Dienste als Einziger an, kann er die Preise weitestgehend nach eigenem Ermessen, unter dem Aspekt der Kundenbindung, festlegen.

Unter Einsatz neuer Medien, können Dienstleistungen auch günstiger angeboten werden. Bei der Ferndiagnose eines Rechnersystems über das Internet entfallen beispielsweise Anfahrtskosten eines Technikers, die nicht kalkuliert werden müssen. Auch Prozesskosten auf Seiten des Anbieters, die über die neuen Medien abgewickelt werden, können zu erheblichen Einsparungen von bis zu 70% gegenüber der manuellen Abwicklung führen (vgl. *Warschburger/ Jost* 2001, S. 127). Um diese Dienste dem Kunden jedoch interessant zu machen, bedarf es weiterer Strategien. So bietet DELL bei Online-Bestellungen einen Preisnachlass auf die bestellten Produkte, wenn diese online bestellt werden.

#### 3.3.4.2 Einfluss auf die Preisstrategie durch den Käufer

Das Internet verleitet Anbieter dazu, eine Preisführerschaft anzustreben. Blancke begründet dies durch den Wegfall einer Handelsstufe, bedingt durch den direkten Zugang zu den Verbrauchern (*Blancke* [2] 2001, S. 56). Über sogenannte Preisagenten (http://www.guenstiger.de etc.) ist es sehr schnell möglich, günstige Angebote abzurufen. Die dadurch geschaffene Preistransparenz zwingt die Anbieter die Aktionsparameter einzusetzen.

Es ist in jedem Fall darauf zu achten, dem Kunden *Inklusivpreise* anzubieten. Versteckte Kosten, wie sie zum Beispiel u.a. durch den Versand entstehen, können einen möglichen Preisvorteil zunichte machen (*Warschburger/ Jost* 2001, S. 134).

### 3.3.5 Distributionspolitik

Nachfolgend soll primär auf die bereits in Kapitel 3.2.4 beschriebenen Begriffe der akquisitorischen Distribution sowie der Distributionslogistik unter Einsatz der neuen Medien eingegangen werden.

### 3.3.5.1 akquisitorische Distribution

Das Internet ermöglicht eine neue Form des Absatzweges bzw. Distributionskanals, welcher den traditionellen Vertriebskanal erweitert oder auch ersetzt (vgl. *Warschburger/ Jost* 2001, S. 174). So ist der elektronische Vertriebskanal sowohl im Business-to-Business, als auch im Business-to-Consumer- Bereich zu finden.

Durch den Einsatz eines Online-Shops ist es dem Anbieter möglich, sein komplettes Spektrum an Produkten und Dienstleistungen rund um die Uhr dem Kunden zugänglich zu machen. Weitere Vorteile sind u.a. der ortsunabhängige und flexible Zugriff auf den Shop, keine Anfahrtswege, Zeitersparnis und die Informationsbereitstellung. Letzteres bezieht sich sowohl auf die angebotenen Produkte selbst, als auch auf deren Preis. Die IT-Branche unterliegt, speziell im Hardwaresektor, starken Preisschwankungen. Durch einen Online-Shop können Preisveränderungen schnell und einfach an den Kunden weitergegeben werden. Auch Änderungen im Sortiment sind sofort verfügbar. Der Kunde kann direkt Produkte vergleichen und unmittelbar bestellen, wobei digitale Produkte ggf. direkt und ohne Zeitverzögerung bezogen werden können.

Die geschilderten Vorteile machen es für viele Unternehmen zwingend notwendig, den elektronischen Vertriebsweg zu implementieren. Ansonsten besteht die Gefahr, Kunden und damit Marktanteile zu verlieren (vgl. *Warschburger/ Jost* 2001, S. 176).

Diese Aussage lässt sich auch mit der Darstellung aus Kapitel 3.2.2 weiter untermauern. Die Nutzung des Mediums Internet nimmt zu. Der Kunde ist daher bestrebt, auch die ihm angebotenen Dienste zu nutzen. Entsprechend ist es auf Anbieterseite erforderlich, diese Dienste so angenehm wie möglich zu gestalten.

### 3.3.5.2 E-Logistik

Das Internet ermöglicht den Herstellern den potenziellen Übergang zum Direktvertrieb ihrer Waren (vgl. *Warschburger/Jost* 2001, S. 208). Beim Vertrieb digitaler Produkte kann auf die Dienstleistung eines Logistikpartners verzichtet werden, da das Produkt direkt beim Hersteller über das Internet bezogen werden kann. Einschränkend sei an dieser Stelle jedoch auch der wirtschaftliche Aspekt für den Käufer erwähnt. So halte ich es für unwahrscheinlich, gänzlich auf die klassischen Vertriebswege verzichten zu können, da nicht jeder Kunde über die Voraussetzungen verfügt, größere Datenmengen über das Internet zu beziehen.
Bei physischen Gütern können zwar die Produkte direkt bestellt werden, allerdings müssen hier die Güter zum Kunden auf traditionelle Weise geliefert werden, d.h. durch Hilfe von Logistikpartnern. Hier ist festzustellen, dass sich die Versendungsstrukturen wesentlich verändert haben. Anstelle von Großlieferungen werden viele kleine Lieferungen an die Kunden verteilt, was einen entsprechenden Mehraufwand bei den Sendungsstrukturen zur Folge hat.

Trotz weltweiter Erreichbarkeit des Online-Angebots ist die weltweite Ausdehnung der Vertriebsaktivitäten nicht immer realistisch. Es ergeben sich hier verschiedene Risiken, wie zum Beispiel fehlende Marktkenntnisse. Die Produkte selbst müssen entsprechend auf den neuen Markt angepasst werden, was oft mit hohen Kosten verbunden ist. Bei Software bedeutet dies beispielsweise die Anpassung auf die nationalen Bestimmungen oder rechtliche Vorschriften. Für physische Güter, wie zum Beispiel PCs, bedeutet dies einen zusätzlichen Logistikaufwand. Zudem ist es wahrscheinlich, Regionalläger einzurichten, um Kunden zeitgerecht beliefern zu können. Des weiteren ist fraglich, ob Serviceleistungen zu den Produkten vor Ort ohne weiteres geleistet werden können.

### 3.3.6 Kommunikationspolitik

#### 3.3.6.1 Die Homepage als Marketinginstrument

Es ist nahezu eine Selbstverständlichkeit für IT-Dienstleister über eine eigene Homepage zu verfügen, geht man davon aus, dass es sich um ein Unternehmen handelt. Die eigene Homepage repräsentiert das Unternehmen und stellt somit eine Art Visitenkarte für den Besucher dar. Ein Beispiel hierfür wäre ein IT-Dienstleister aus dem Bereich Webseitendesign und –programmierung. Der Interessent gewinnt bereits beim Besuch der Homepage einen ersten Eindruck über mögliche Qualitäten des Unternehmens.

Des weiteren stellt die Homepage die Plattform für weitere Instrumente des Online-Marketings zur Verfügung, die im weiteren Verlauf noch näher beschrieben werden.
Design, Informationsgehalt und Angebot entscheiden letztlich darüber, ob der Besucher auf der Seite verweilt oder diese verlässt und sich nach anderen Angeboten umsieht.

Um einen erfolgreichen Internetauftritt zu etablieren, sollte sich das WWW-Projekt an den erwünschten Resultaten orientieren und mit einer klaren Zielsetzung angegangen werden (*Bhattacharjee* 1997, S. 40).
Dabei spielt es keine Rolle, so Bhattacharjee, ob sich das Unternehmen einer bereits bestehenden Plattform anschließt oder einen eigenen Internetauftritt plant.

Hilfreich für die Planung des eigenen Internetauftritts sind die Durchführung von Markttest um das Benutzerverhalten und –gewohnheiten analysieren zu können. So können Informationen gezielter auf den Seiten untergebracht werden, so dass der Besucher schnell die gewünschten Informationen findet. Dies ist ein wesentlicher Punkt, bedenkt man die kurze durchschnittliche Verweildauer auf einzelnen Seiten.
Ebenfalls sollten in die Vorüberlegung und -planung die Ergebnisse einer Konkurrenzanalyse einfließen. Hier können wertvolle Informationen über Stärken und Schwächen gewonnen werden, die sich auf das eigene Projekt umsetzen lassen.

Bhattacharjee erwähnt die Recherche der eigenen primären und sekundären Ziele des Webauftritts als zentralen Punkt (vgl. *Bhattacharjee* 1997, S. 40).
Hier sind folgende Fragen zu klären:

- Was will man mit der Website erreichen?
- Welche Rolle kann das Internet beim Ausbau des Geschäfts spielen?
- Welche Wertschöpfungsaktivitäten kann es sinnvoll unterstützen?
- Soll nur für Produkte oder Dienstleistungen geworben oder sollen auch Bestellungen und Verkäufe getätigt werden?
- Welche Anreize können in die Website integriert werden, um die User auf diese zu locken?
- Welche Zusatzangebote bewegen zum Wiederbesuch?
- Mit welchem Inhalt grenzt man sich von der Konkurrenz ab?

Die Homepage bietet des weiteren verschiedene Möglichkeiten zur Unterbringung von Mehrwertdiensten, die auch als *Value Added Services* bezeichnet werden. Mehrwertdienste können Gewinnspiele sein, die zudem für Marktforschungszwecke genutzt werden können, indem Daten von den Benutzern abgefragt werden oder Free-Services wie zum Beispiel das Versenden von SMS. Weitere Möglichkeiten bieten Foren oder Chats in denen sich Kunden untereinander über die angebotenen Dienstleistungen oder Produkte austauschen können (vgl. *Warschburger/ Jost* 2001, S. 232).

### 3.3.6.2 Supportdienstleistungen

Die Individualisierung in Bezug auf die Kommunikationspolitik soll sich hier vor allem in der individuellen Gestaltung des Dialogs zwischen Unternehmen und Kunden äußern (Blancke 2001, S. 61).

In der IT haben sich hier vor allem *Supportformulare* etabliert, wie sie fast bei allen Unternehmen im IT Bereich zu finden sind. Im Gegensatz zu E-Mails können Anfragen über Supportformulare durch den Aufbau gezielter gestellt werden. Dies schließt den Empfänger (zuständiges Supportteam, wie Abteilung für Drucker, Monitore, Technik, Vertrieb etc.) und die Nachricht, Anfrage oder Fehlerbeschreibung ein. Da der Anbieter selbst am besten entscheiden kann, welche Informationen für eine Fehleranalyse benötigt werden, können diese über das Supportformular abgefragt werden. Hierdurch ist eine schnellere Analyse der Daten möglich, was unter Umständen auch die Antwortzeit verkürzt.

Kunden haben durch das Internet mehr Möglichkeiten mit Anbietern von Produkten und Dienstleistungen in persönlichen Kontakt zu treten, wobei der Dialog nicht länger nur von Seiten des Unternehmens ausgeht (Blancke 2001, S. 62).

Diese Aussage empfinde ich vor allem bei individualisierten Leistungen, die eine hohe Integrativität der Kunden in die Unternehmensprozesse erfordern, besonders wichtig.

Hier muss den Kunden auch die Möglichkeit geboten werden Interessen, Meinungen und Beschwerden mitzuteilen.

Die Nutzung von *Foren* oder *FAQs* (Frequently Asked Questions) als Kommunikationsmedium für individualisierte Leistungen, wie zum Beispiel Individualsoftware, ist dagegen weniger sinnvoll, wenn nur ein Abnehmer dieser Software existiert. Hier sollte es dem Kunden ermöglicht werden, direkt mit dem Anbieter in Kontakt treten zu können.

Für Standardsoftware sind dagegen Foren und FAQs sehr geeignet. Foren bieten mitunter den Benutzern die Möglichkeit, sich untereinander auszutauschen. Dies hat zur Folge, dass manche Anfragen nicht vom Unternehmen beantwortet werden müssen. Des weiteren bieten Foren die Möglichkeit ein Feedback von den Benutzern zu erhalten und somit Marktforschung zu betreiben. So kann festgestellt werden, wo es die meisten Probleme gibt und welche Vorschläge für Verbesserungen existieren.

Auch *Chats* sind für die direkte Kommunikation geeignet. Microsoft bietet seinen Kunden einen Online-Chat mit Microsoft Spezialisten zu verschiedenen Produkten zu festgelegten Zeiten an. So ist es möglich, Fragen zu stellen und unmittelbar Lösungsvorschläge zu erhalten.

#### 3.3.6.3 Online-Werbung

Die Zahl der Instrumente der Online-Werbung sind begrenzt (vgl. *Blancke* [2] 2001, S. 67). Sie beschränkt sich insbesondere auf Werbebanner und deren Ausprägungen wie z.B. Logo- und Buttonwerbung. Dennoch darf die Werbung im Internet nicht vernachlässigt werden.

Nach Warschburger/ Jost hat die Online-Werbung im AIDA-Konzept zu erfolgen (vgl. *Warschburger/ Jost* 2001, S. 246) welches in Abbildung 10 dargestellt wird.

| | | | | |
|---|---|---|---|---|
| **A** | ⇨ | attention | ⇨ | Erzeugung von Aufmerksamkeit |
| **I** | ⇨ | interest | ⇨ | Wecken von Interesse für die angebotene Leistung |
| **D** | ⇨ | desire | ⇨ | Wecken von Wunschgefühlen und Verlangen |
| **A** | ⇨ | action | ⇨ | Ausführung der Transaktion |

Abbildung 10: AIDA-Konzept
(vgl. Warschburger/ Jost 2001, S. 8)

Nach Blancke lässt sich die Funktion der *Werbebanner* vergleichen mit Werbeplakaten und Print-Anzeigen (*Blancke* [2] 2001, S. 67) mit dem Unterschied, dass diese Werberbanner eine Interaktionsmöglichkeit bieten, de es dem Online-Nutzer erlauben per Mausklick zu Webangeboten zu gelangen.
Die Gefahr ist jedoch groß, in einer Vielzahl von Bannern unterzugehen, d.h. das Angebot wird vom Online-Benutzer nicht wahrgenommen. Für die Erhöhung des Aufmerksamkeitsgrades gilt somit der Grundsatz „Je größer, umso besser!!" (vgl. *Blancke* [2] 2001, S. 68).

Im Laufe der Entwicklung haben sich weitere Formen der Online-Werbung herausgebildet um den Benutzer auf das eigene Angebot aufmerksam zu machen.

*Buttons* haben im Gegensatz zu Bannern den Vorteil, dass sie weniger vom Inhalt der Seite ablenken und nur wirklich interessierte Benutzer ansprechen.

*Logos* oder *Logo-Ads* sind nach Bhattacharjee eine Bannervariante die alle Bannergrößen annehmen kann. Es handelt sich hierbei meist um Firmenlogos die keine weitere Werbebotschaft übermitteln sollen (vgl. *Bhattacharjee* 1997, S. 90). Es wird hierbei mehr auf den Wiedererkennungsfaktor gezielt.
Bei *Interstitials* erfolgt eine Unterbrechung des Besuchs der Webseite unabhängig vom Verhalten des Besuchers beim Übergang von einer Seite zur anderen (*Blancke* [2] 2001, S. 68 + 69). Der Benutzer ist somit gezwungen, den Inhalt dieser Werbeunterbrechung wahrzunehmen. Eine abgewandelte Form stellen die *Pop-Ups* dar. Hier wird dem Benutzer die Werbung in einem neuen Fenster präsentiert, wenn eine andere Seite aufgerufen wird.
Da man vor einiger Zeit noch davon ausgegangen ist, dass die Aufmerksamkeitsweckung, die wegen der Informationsüberflutung in den anderen Medien einen Engpass darstellt, im Internet kein Problem ist, muss man nun feststellen, dass dies nur teilweise richtig ist (*Blanke* [2] 2001, S. 69). Dies ist mit dem zunehmenden Angebot und dem abnehmenden Neuigkeitsgrad des Mediums zu begründen, d.h. die Aufmerksamkeitsweckung nimmt ab.
Ich finde Unterbrecherwerbung mittlerweile als weniger sinnvoll. Zum einen kann Sie störend auf den Benutzer wirken, so dass dieser die Werbebotschaft gar nicht erst wahrnimmt. Andererseits kann solche Werbung mittlerweile durch entsprechende Programme unterdrückt werden, so dass diese dem Benutzer gar nicht erst dargestellt wird. Weitere mögliche Nachteile ergeben sich beim Ranking in Suchmaschinen durch eine mögliche Rückstufung durch den Einsatz solcher Werbung (vgl. auch 3.3.6.7).

Allgemein halte ich Werbung nur für effektiv, wenn sich die Seiten der Platzierung mit dem eigenen Angebot inhaltlich decken. Hierfür geeignet sind zum Beispiel Webkataloge oder Einträge in Suchmaschinen bzw. entsprechende Portale.

#### 3.3.6.4 Sponsoring

Sponsoring im Internet kann auf verschiedene Wege erfolgen, obwohl es nach den bekannten Prinzipien funktioniert (*Blancke* [2] 2001, S. 71). So kann eine Website finanziell unterstützt werden, um nachher ein Logo mit Link auf die eigene Seite zu platzieren. Eine andere Möglichkeit ist das Anbieten von *Partnerprogrammen*. Hier wird dem Betreiber einer Website jeder Klick auf das eigene Logo oder Banner entsprechend vergütet. Die Vergütung fördert die Bereitschaft zur Aufnahme eines Links und kann hierbei vom einfachen Klick bis hin zu einer Provision bei einer Bestellung gestaffelt werden.

Da meist zu überprüfen ist, welche Seite gesponsert werden soll, ist es möglich, die Marketing-Botschaft exklusiv zu platzieren. Ein weiterer Vorteil ergibt sich dadurch, dass der Benutzer nicht mit der mittlerweile aufdringlichen Bannerwerbung konfrontiert wird.

#### 3.3.6.5 Referenzen

Eine Auflistung von Referenzprojekten, z.B. Firmenlogos der Geschäftspartner, stellt ebenfalls eine wirksame Werbebotschaft dar. Hier kann das eigene Unternehmen vor allem durch Synergieeffekte profitieren, die zwangsläufig entstehen, wenn der Geschäftspartner ein namhaftes und bekanntes Unternehmen ist.

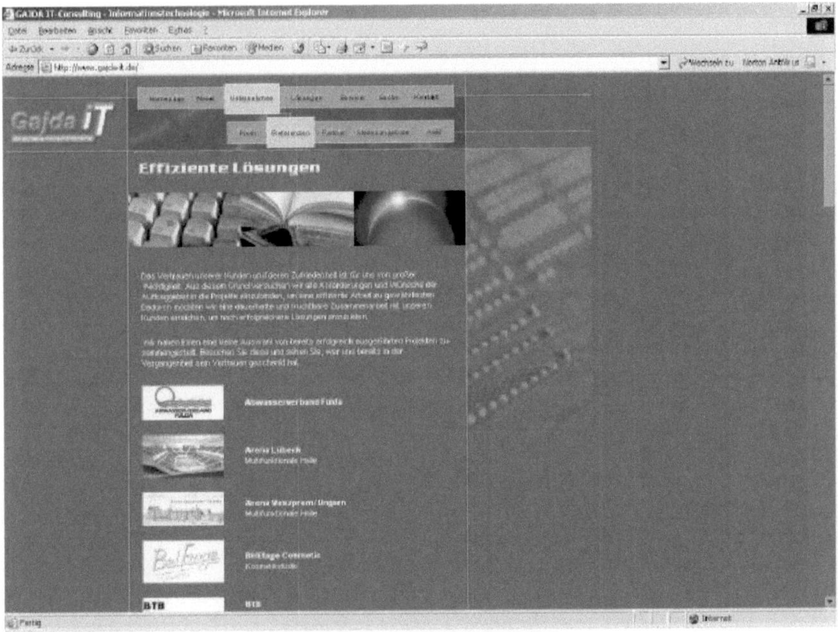


Abbildung 11: Beispiel einer Referenzliste

### 3.3.6.6 Direkt-Marketing

Hierunter zählen vor allem E-Mailings. Sie stellen eine kostengünstige Form dar, die sich vielfältig als Marketinginstrument einsetzen lassen (*Blancke* 2001, S. 72). Ein weiterer Vorteil ergibt sich durch die Möglichkeit, die verschiedenen Konzepte, wie z.B. Signaturen, Newsletter, Mailinglisten und Auto-Responder zu kombinieren.

*Newsletter* werden vor allem dafür eingesetzt, einen großen Empfängerkreis zu erreichen. Sie sind vergleichbar mit Kundenzeitschriften und Werbebriefen, sind jedoch wesentlich kostengünstiger in der Herstellung und im Vertrieb (vgl. *Blancke* [2] 2001, S. 73).
Die Verwaltung ist ebenfalls sehr einfach und bedarf keines großen Aufwandes. Abonnenten der Newsletter müssen sich selbst eintragen oder austragen und bestimmen somit selbst, ob sie den Newsletter erhalten möchten oder nicht. Dies schränkt auch die Gefahr des unbeabsichtigten Versenden sogenannter *Spam-Mails* ein. Meist besteht zusätzlich die Möglichkeit gewisse Themenbereiche zu differenzieren. Dies ermöglicht eine zusätzliche gezielte Informationsbereitstellung für den Interessenten.

Gerade in der IT bieten sich solche Newsletter an, um Interessenten über aktuelle Produkte, Erneuerungen oder Dienstleistungen schnell und einfach zu informieren.

Wichtig ist, so Bhattacharjee, interessante Mailings zu schaffen, um die Abonnenten bei Laune und in der Liste zu halten (*Bhattacharjee* 1997, S. 63).

Eine Erweiterung der Newsletter ist das *Reaction Measurement*. Hier werden aus einem Adresspool gezielt Nachrichten an ausgewählte Empfänger gesendet. Dies ermöglicht gezieltere Marketingmaßnahmen für potentielle Kunden. Ein Beispiel hierfür könnte das Vorstellen von Individualsoftware oder –hardware darstellen, die wenigen ausgewählten Interessenten angeboten werden (Quelle: www.newsmarketing.de).

Es sollte dem Unternehmen jedoch bewusst sein, so Blancke, dass eine Informationsüberflutung dazu führen kann, dass sich die Betroffenen gestört fühlen und im schlimmsten Fall die Geschäftsbeziehung beenden (*Blancke* [2] 2001, S. 62).

### 3.3.6.7 Suchmaschinen und Ranking

Mit dem zunehmenden Internetangebot stieg auch die Bedeutung der Suchmaschinen. Heute ist der Eintrag der eigenen Webseiten mindestens genauso wichtig wie die eigene Homepage selbst. Der Eintrag in eine Suchmaschine ist eine der wichtigsten Maßnahmen im Online-Marketing-Mix (vgl. *Blancke* [2] 2001, S. 84).
Ähnlich wie bei der Nutzung des Internets obliegt die Verwendung und Bedienung der Suchmaschine allein beim Benutzer und dessen Eingabe. Der Anbieter kann das Verhalten der Benutzer bei der Suche also nicht beeinflussen.

Ob der Link zu den eigenen Seiten nun gefunden wird oder nicht, entscheidet sich über das interne *Ranking*. Gibt man in eine Suchmaschine wie Google zum Beispiel den Begriff „Netzwerktechnik“ ein, so erhält man gleich mehrere Seiten mit Treffern die dem eingegebenen Begriff entsprechen. Es ist nun eher unwahrscheinlich, dass der Benutzer 10 Seiten oder mehr durchsucht. Blancke geht von einer Konzentration auf die ersten 10 Einträge aus (vgl. *Blancke* [2] 2001, S. 85). Ziel muss es daher sein, den eigenen Link möglichst am Anfang zu platzieren.

Im Gegensatz zur Nutzung der Suchmaschine kann das Ranking bei der Erstellung der Webseiten und dem Eintrag in die Suchmaschine vom Anbieter der einzutragenden Webseite beeinflusst werden. Allerdings ist hier anzumerken, dass das Ergebnis auch von der gestellten Suchanfrage und dem Stand der Datenbank der jeweiligen Suchmaschine abhängig ist, da ständig neue Seiten hinzugefügt werden. Mögliche Techniken für das Ranking, wie zum Beispiel META Tags und Titelwahl, soll an dieser Stelle jedoch nicht weiter eingegangen werden.

Auch andere Marketinginstrumente wie das unter 3.3.6.4 beschriebene Sponsoring werden mit Suchmaschinen kombiniert. Unter dem Begriff des *Keyword-Advertising* kauft der Interessent bestimmte Suchbegriffe, die dann bei Aufruf in Form von Bannern gezielt angezeigt werden (vgl. *Blancke* [2] 2001, S. 87).

#### 3.3.6.8 Web-Kataloge

Web-Kataloge ermöglichen eine gezielte Suche im Internet. Im Gegensatz zu Suchmaschinen wird hier nicht nach Stichwörtern gesucht, sondern das Internet-Angebot in Kategorien eingeteilt. Dadurch wird es dem Nutzer ermöglicht, Angebote in einer hierarchisch aufgebauten Struktur des Themenkatalogs auch ohne konkrete Suchbegriffe zu finden (vgl. *Blanke* [2] 2001, S. 87).

Die Aufnahme in solche Webkataloge unterscheidet sich nicht wesentlich von Einträgen in Suchmaschinen, sondern erfolgt über Online-Formulare in der bereits die Kategorie ausgewählt werden kann. Der endgültige Eintrag wird jedoch von Redakteuren vorgenommen, die letztlich auch über die Kategorie entscheiden.
Blancke merkt an, dass sich auch Webkataloge über Werbung finanzieren. Es ist daher ebenfalls möglich Werbebanner, ähnlich wie bei Suchmaschinen, einblenden zu lassen (vg. *Blancke* [2] 2001, S. 88).

#### 3.3.6.9 Link-Exchange

Der Link-Exchange bedarf nach Blancke keiner großartigen Vertragswerke, da es auf dem Prinzip der Mund-zu-Mund-Propaganda basiert (vgl. *Blancke* [2] 2001, S. 89). Es werden Links auf den Seiten der Kunden oder Geschäftspartner platziert, um mehr Besucher auf die eigenen Seiten zu leiten. Ähnlich wie bei den Referenzen können sich hier Synergieeffekte ergeben, wenn ein Link zur eigenen Seite von der Seite eines namhaften Unternehmens verweist.

## 3.4 Ausgestaltung des Marketing Mix

Der Marketing-Mix ist die Kombination der verschiedenen Marketinginstrumente und stellt die Maßnahmen zur Nutzung von Chancen und Abwehr von Risiken zur Verfügung.

Nach Warschburger/ Jost sind im Wesentlichen drei Aufgaben vom Marketing Mix zu bewältigen (vgl. *Warschburger/ Jost* 2001, S. 34):

a) Interessenten zu finden
b) Interessenten sind zu Kunden zu machen
c) Existente Kunden sind an das Unternehmen zu binden und zu Stammkunden zu machen

Die Marktforschung liefert notwendige Erkenntnisse zu einer kundenorientierten Unternehmensausrichtung. Diese werden durch die Marketinginstrumente umgesetzt (vgl. Abbildung 12).

Der Marketing-Mix sollte sich der Vorteile des Offline und Online-Marketings bedienen, um so eine effektive Marketingwirkung zu erzielen. Diese Kombination kann die einzelnen Schwächen der beiden Marketingformen durch die beiderseitigen Stärken wesentlich ausgleichen.

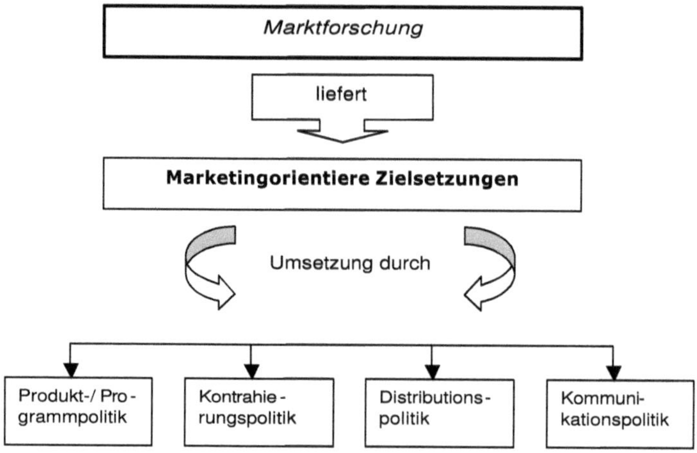


Abbildung 12: Marketing-Mix
(vgl. Warschburger/ Jost 2001, S.34)

Ein Beispiel für die beiderseitige Ergänzung und Verbindung von Offline- und Online Marketing ist die Werbung für die eigene Internetpräsenz, wie zum Beispiel die Firmenhomepage.
Bhattacharjee empfiehlt ein gleichrangiges Vorgehen bei Online- und Offline-Marketing (vgl. *Bhattacharjee* 1997, S. 37).

So ist es erforderlich, die URL der Firmenhomepage, wie auch die E-Mail Adresse als festen Bestandteil der Geschäftsadresse zu sehen. D.h. diese Informationen sind auf sämtlichen Geschäftspapieren sowie Visitenkarten zu veröffentlichen.

Des weiteren lassen sich zuvor genannte Instrumente wie Public Relations nutzen, um das Interesse auf die Homepage zu lenken.

# 4. Abbildungsverzeichnis

# 5. Quellenverzeichnis

## 5.1 Literatur

„*Grundzüge der Betriebswirtschaftslehre*„
Schierenbeck, 12. Auflage
München: Oldenbourg Verlag, 1995

„*Einführung in die Allgemeine Betriebswirtschaftslehre*"
Wöhe, 18. Auflage
München: Vahlen Verlag, 1993

„*Dienstleistungsmarketing – Grundlagen, Konzepte, Methoden*"
Meffert/Bruhn, 2.Auflage
Wiesbaden: Gabler Verlag, 1997

„*Dienstleistungsmarketing*"
Scheuch
München: Vahlen Verlag, 1982

„*Profi-Marketing im Internet*"
Bhattacharjee
Freiburg: Haufe Verlag, 1997

„*Grundlagen des Offline- und Online-Marketings Teil I: Offline-Marketing*"
Blancke
Schmalkalden: FH Schmalkalden, 2001

„*Grundlagen des Offline- und Online-Marketings Teil II: Online-Marketing*"
Blancke
Schmalkalden: FH Schmalkalden, 2001

„*Nachhaltig erfolgreiches e-Marketing*"
Warschburger/ Jost, 1. Auflage
Braunschweig/ Wiesbaden: Vieweg & Sohn Verlagsgesellschaft mbH, 2001

## 5.2 Internet

www.marketing.de
www.newsmarketing.de
www.wissen.de
www.denic.de
www.isc.org
www.zdnet.de
www.tecchannel.de